中国
芯片往事

杨健楷 / 著

未经许可，不得以任何方式复制或抄袭本书之部分或全部内容。
版权所有，侵权必究。

图书在版编目（CIP）数据

中国芯片往事 / 杨健楷著 . —北京：电子工业出版社，2023.3

ISBN 978-7-121-44689-4

Ⅰ．①中⋯　Ⅱ．①杨⋯　Ⅲ．①芯片－电子工业－工业史－中国　Ⅳ．① F426.63

中国版本图书馆 CIP 数据核字（2022）第 239942 号

责任编辑：杨雅琳
文字编辑：杜　皎
印　　刷：北京盛通印刷股份有限公司
装　　订：北京盛通印刷股份有限公司
出版发行：电子工业出版社
　　　　　北京市海淀区万寿路 173 信箱　邮编：100036
开　　本：720×1000　1/16　印张：14.25　字数：255 千字
版　　次：2023 年 1 月第 1 版
印　　次：2023 年 3 月第 2 次印刷
定　　价：108.00 元

凡所购买电子工业出版社图书有缺损问题，请向购买书店调换。若书店售缺，请与本社发行部联系，联系及邮购电话：（010）88254888，88258888。

质量投诉请发邮件至 zlts@phei.com.cn，盗版侵权举报请发邮件至 dbqq@phei.com.cn。

本书咨询联系方式：（010）88254210，influence@phei.com.cn，微信号：yingxianglibook。

序

古《孙子兵法·势篇》有云：

"故善战者，求之于势，不责于人，故能择人而任势。"

中国的芯片产业正是一部"择人而任势"的历史。

20世纪70年代，以李国鼎为代表的台湾经济技术人员引进了CMOS集成电路技术，培养出一批专业人才。20世纪80年代，张忠谋先领衔台湾"工业技术研究院"转型，后设立台积电。20世纪90年代，为适应巨变，原电子工业部先后在无锡和上海发起了"908""909"两个国家芯片工程，建造了两座芯片制造厂。2000年，中芯国际在上海张江成立，招徕海内外英才，为中国芯片产业开启了新篇章。

世界潮流，浩浩荡荡，不可阻挡。中国的芯片产业不能跳脱出全球芯片产业之"势"，故必须顺应，善加择"人"，才能最终发展壮大。

"势"究竟为何？如何适应中国之"地"情？如何择"人"？这三个问题，即中国芯片产业发展需要回答的"天时""地利""人和"三问。

首先说"天时"。天时，对我们而言，是一个客观存在的时机，主观上无法改变，只能认清并尊重，顺势而为。

其次说"地利"。中国近年来已成为全球最大的芯片需求市场。我们发展芯片产业，就需要充分认识到本地的政治、经济、文化和人才的优点与缺点，扬长避短，既不自卑，也不自大。

最后说"人和"。这个问题最难解决。若要建成一个芯片制造厂，如何确立一位领军人物、如何获得政府长期且坚定的支持、如何物色优秀的管理人员和团队、如何培训熟练的操作工，凡此关乎人的问题，均非易事。

翻阅《中国芯片往事》一书后，我认为，健楷此书，应该能够为这些重要问题提供一些答案。

本书以人为视角，通过一线采风得来的一系列人物故事，勾勒出一个个组织的历史发展脉络，从而呈现出整个宏大的图景，为读者了解中国芯片产业提供了一些独特的观点。

本书也认识到了下游电子整机工业的重要性，并有意识地叙述了相关发展历史。芯片产业不是孤立存在的，要完整介绍它，除了要厘清上游的设计、设备和材料，还要介绍下游的封装、测试和模组等行业，这样才有助于人们理解芯片产业的复杂性。

作为一部兼具科普和商业案例双重属性、叙述中国芯片产业发展历史的作品，本书是非常值得一读的。不同的读者，从书中会得到不同的收获。

我期望产、学、研各界人士能深入研究本土的高科技工业发展史。

是为序。

中芯国际创始人　张汝京博士

前言

› 起心动念

2019年盛夏，我产生了写中国芯片产业史的想法。当天，我就与资深媒体人陈慧玲前辈进行交流。

陈慧玲前辈是我进入芯片产业报道领域的老师。

2018年底，我刚到北京从事媒体报道工作。我原来是做房地产投资的，又是纯粹的文科生，对于技术名词一窍不通。这时，陈慧玲前辈成为我的领导，她此前在成立了将近二十年的台湾电子产业专业媒体《电子时报》（*Digitimes*）工作了几乎同样长的时间。她是一位老将，对于华为、富士康等声名卓著的电子企业有很深的了解。我脸皮厚，经常向她请教。她也向来喜欢提携后辈，经常在一张纸上画来画去，为我讲解。

数月后，陈慧玲前辈回台湾。在她临走前，我们在地坛公园闲谈。她赠送我一本《方贤齐传》，这是由她操刀的一本记录台湾科技政策的推手方贤齐的传记，它翔实地记载了台湾芯片产业在20世纪七八十年代起步时的情形。那时，我碰巧在读胡启立写的《芯路历程》，有了《方贤齐传》，我得以对比两岸芯片产业政策与实施过程，因而对此产生浓厚的兴趣。

当时，我正好在写基于地域维度的芯片产业的文章，编辑张丽娟老师和媒体前辈欧阳洪亮都十分支持。第一篇文章写上海，难度不小，我专门找来系列著作研读。陈慧玲前辈向我推荐了另一位资深媒体人宋丁仪老师，宋老师转而为我推荐了10多位芯片行业内的资深人士，一举解决了我的采访难题。

正是在采访的过程中，我意识到了一本专门的芯片产业史著作的重要性。讲互联网产业史的作品很多，讲商业史的作品更多，但芯片这么重要，成系统的著述却寥寥无几。以往出版的关于芯片产业发展历程的书籍，大多非常专业，普通读者难以看懂。因而，为大众撰写一本通俗的芯片产业史书十分必要。

有了这个想法，我初步拟定了一个写作大纲，并经朋友介绍认识了出版人吕征。

那时，我以为出书很简单，写了3000字交给吕征，算是样章。没想到等到面谈的时候，吕征一连问了我将近10个问题，我都无法给出清楚的回答。本来，我以为写书像平时那样写文章就好了，未料出版人如此较真，我顿时泄了气。吕征是一个极有耐心的人，他建议我先把书写完，出书的事慢慢再说。

我也真就没着急，一直搁笔。

› 一本书的破局

转眼间，到了2020年中，之前我写的一篇文章中的主人公联系了我。

迟迟未动笔的中国芯片产业史，突然间有了眉目。

历史的见证者就在眼前，我十分兴奋。2020年8月，我前后列了100个问题，在线上与受访者访谈了5次，长达10小时。正值盛夏，我居住的地方酷热难当。一次访谈2小时过去，我往往汗流浃背，走路都有点发虚了。

随着线上访谈的进行，我愈发感觉到线下拜访的必要性。2020年8月下旬，我跑到重庆拜访了受访人。在交流过程中，他提到一位朋友的父亲在20世纪80年代去美国凤凰城（又译"菲尼克斯"）引进芯片生产线，并获得表彰的事。我很惊讶，没想到一次拜访还能引出又一个精彩的故事。我当即表示要实地拜访他的朋友。2020年9月，我与这位受访人和他的朋友相约在深圳见面，再做一轮访谈。

到了深圳，我终于见到了当年参与重庆川仪六厂引进美国芯片生产线的许传江前辈。他已有80多岁，但身体健朗，思路极其清晰。在访谈前，我草拟了一份提纲给许前辈的家人。访谈时，许前辈几乎是按照提纲的问题顺序，不需要提示，滔滔不绝地讲了3小时。在这当中，他还回答了若干个专业问题，答完总能够回到原来的话题和逻辑上去。

对许前辈的访谈，让我意识到中国芯片产业史是一座巨大的金矿，从中能够挖掘的绝不仅仅是芯片产业发展历程，还有一代又一代人的家国情怀、改革勇气与奉献精神。

许前辈的第一个工作单位，是锦州的辽宁晶体管厂（简称"辽晶"）。20世纪60年代初，东北兴起了包括半导体在内的新兴工业建设，成为当时经济体制改革的前沿阵地。

1984年，许前辈去美国为川仪六厂引进3微米芯片生产线。当时，许前辈带领近40名工程师，在美国学习了3个月，经历了离子注入机爆炸事故，最后安全回到国内。经历重重困难，川仪六厂最终生产出高良率的电话机芯片。

接连两轮采访，彻底为本书的写作打开了局面，我也因此爱上了重庆这座城市。之后，我经常去重庆拜访相关的受访者。好友闫佳良开车载我到北碚的川仪六厂旧址参观。当我们沿着盘山公路一路颠簸时，我真切地体会到了当年三线建设①的布局与困难。

› 静如处子，动如脱兔

在做完实地探访开始进行写作时，我并没有明确的写作思路，只是根据受访人的叙述平铺直叙，再补充必要的背景信息。如果想到有意思的线索，我再四处收集材料。总的来说，处于第一轮写作中的我类似无头苍蝇，并没有厘出一条清晰的主线。

后来，根据许前辈给出的零零星星的关键词，我在一个旧书网上收集到了大量关于锦州20世纪60年代新兴工业建设的资料，例如，当年的《人民日报》、锦州市政协出版的官方资料等。我发现，一个国有半导体工厂——辽宁晶体管厂——发展壮大的故事跃然纸上。由此，我找到了中国芯片产业发展最难补齐的一块——从20世纪60年代开始的创业史诗。

一个新的故事诞生了！

锦州故事给了我全新的启发。这是一个由口述者讲述，但大部分基于公开历史资料而构建出的完整故事。这个故事的形成让我认识到，一

---

① 从1964年到1980年，中国中西部13个省（自治区）进行了一场以战备为指导思想的大规模国防、科技、工业和交通基本设施建设，史称三线建设。三线地区包括四川（含重庆）、贵州、云南、陕西、甘肃、宁夏、青海7个省（自治区）及山西、河北、河南、湖南、湖北、广西等省（自治区）的腹地部分。

线访谈应该与可信度较高的一手资料相互印证。一手访谈与一手资料，是真相的两个面，经过较为充分的印证和研究，足以构建起一个完整的历史世界。之后，我基于这样的方法，开始撰写珠海、东莞等其他地方发生的故事。

发生在东莞的步步高创业史是最难写的。步步高是中国电子工业史上一个极为重要的角色，今天的手机品牌OPPO和vivo都起源于1995年由段永平创建的步步高（全称"广东步步高电子工业有限公司"）。这个章节人物众多，关系错综复杂，关涉利益者众。除若干受访人外，我还获得从1998年3月到2004年11月的15期《步步高人》内部报纸，使一线访谈可与官方资料互为对照。对于一些无法印证或易引发争议的内容，本书暂时予以舍弃。

第一轮书稿完成得差不多了，我便与吕征沟通。他认为写得散乱，是"脚踩西瓜皮，滑到哪儿是哪儿"。开始我还不信，反复读了几遍，的确发现有很大的问题。后来，我拿着书稿与具备实业经验的芯片投资人孟伟交流，他也觉得杂乱无章，越往后面越乱，但有一章不错，似有《冰与火之歌》的观感。他建议，本书应学习马丁的POV（Point of View，视点人物写作手法），每节树立一个中心人物，所有情节围绕该人物展开，使叙事不显得杂乱。

我接受孟伟的建议，对书稿进行大改。他的建议也成为我之后写作长篇产业历史故事的一个标准。于是，基于POV，本书形成了围绕芯片及电子工业组织发展脉络的四个部分：

一是辽宁晶体管厂在20世纪60年代的改革往事，讲述经济体制改革在半导体行业的尝试。

二是川仪六厂的三线建设往事，讲述国内经济转轨时期的芯片产业。

三是步步高创业史，讲述国内电子整机工业体系的形成，及其早期与芯片产业的互动。

四是炬力创业史，讲述芯片设计领域杨玉全与赵广民等两岸精英在珠三角的创业故事。

其中，在第一、二、三部分，分别附有专题讨论。

› 万类霜天竞自由

上述内容的截止时间为2007年，为反映芯片产业的最新发展情况，我又四处进行了调研和访谈。

在一线调研过程中，我深切体会到当下中国芯片产业欣欣向荣之景象，恰如"万类霜天竞自由"。

我联系了国内离子注入机领域的领先者——万业企业（全称"上海万业企业股份有限公司"）的副总经理周伟芳女士。周女士亲身经历了芯片行业大发展的关键时刻，且平易近人。我刚做芯片方面的报道时经常向她请教，一打电话就是一小时，要问不少基础问题。她那时刚履新万业企业，认为万业企业的控股股东浦科投资（全称"上海浦东科技投资有限公司"）的国企混改（混合所有制改革）历程很值得叙述。

于是，经周女士介绍，我访谈了浦科投资的董事长朱旭东。朱董原是浦东新区科委主任，2012年转任浦科投资董事长，上任之后展开了大刀阔斧的改革。作为一个故事而言，浦科投资混改是我近期所见极具勇气的，也是全国着力发展芯片产业的一个标本。颇为可惜的是，与朱董访谈时已到了本书的收尾阶段，而浦科投资混改的故事需要访谈相当数量的人物。经过协商，朱董为本书第一章做了富有洞见的点评。

我也访谈了新思科技全球资深副总裁、新思中国总裁兼董事长葛群。新思科技是全球电子设计自动化（EDA）领域的龙头，在1995年进入中国市场，为国内芯片设计行业发展贡献良多。与葛总的交流，为我建立芯片行业的认识框架助力不少，更为本书夯实了基础。

随着走访企业渐多，我逐渐感觉到，要描述完整近期中国芯片产业发生的许多精彩故事，要等到下一本书了。

▸ 中国芯片工业的发展规律

中国芯片及电子工业的几次大发展，正如核聚变的过程一般，即所有参与的原子受到巨大的压力，在体内迸发出无穷的力量，从而形成一股合力，推动历史往前发展。恰恰是那些看似偏僻的小城，在特殊的历史时刻，聚齐了所有必备的元素，为中国的芯片及电子工业带来革新。

时移势易，故事的发生地点和主角会发生变化，但这个规律是永恒的。也正是高科技工业人群从东北到三线，再到沿海地区的流动，谱写了伟大的中国工业革命的史诗。

最后，我再次感谢对此书面世提供帮助的朋友。电子工业出版社的杨雅琳老师在我写作的迷茫期，耐心、细致地为本书指明了方向。杜皎老师做了全面、细致、深入的事实核查工作，使本书的严谨度与专业性更上一层楼，令人感动。卓建律师事务所的淮旭伟师兄，作为芯流智库的法律顾问，为本书排查风险，保驾护航，确保顺利出版。好友徐俊逸读完了若干章节的草稿，从组织发展的角度对本书提出了很多宝贵的建议。张江高科投资经理吕昕是一位游戏机爱好者,他对于讲炬力的章节贡献良多。川仪六厂的退休职工杨胜利提供了对国有工业企业销售工作的一些说明。芯片超人公司的姜蕾女士是一位资深的芯片行业从业人员,经常与我交流业内动态,热心地为本书提供了诸多帮助。万业企业的俞佳卉女士为本书写作提供了诸多便利。此外,还有很多热心朋友给予帮助,在此不一一道明。

我对本书唯一的期待,是"从实践中来,到实践中去"。希望书中的故事能够激励更多年轻人投身于伟大的中国芯片及电子工业事业。

目录

第一部分 ▸ **锦州新兴工业建设始末**

一座东北小城的宏愿 / 002

新生电机厂改造 / 002

锦州的机遇 / 003

辽晶过四关 / 007

一个副厂长的烦恼 / 015

锻炼大学生 / 015

至高无上的任务 / 020

辽晶的围城 / 022

改革蓝图的诞生 / 026

钦定的桂冠 / 026

锦州模式在全国工交会议上的表现 / 028

"托拉斯"改革 / 032

辽晶、锦州新兴工业建设与改革开放 / 036

▸ 专题讨论：以人为镜 / 038

第二部分 ▶ 山城造芯往事

动荡时期的半导体工厂 / 044
三线建设的历史转折 / 044
川仪总厂上马芯片项目 / 045
川仪六厂初露峥嵘 / 048

菲尼克斯 3 微米芯片生产线引进工程 / 051
美国"烂尾"芯片工程的中国机会 / 051
凤凰城奇遇记 / 053
嘉陵江边攻坚 / 057
自主造芯 / 060
芯片为何能落地生根 / 063

国有工厂转型与年青一代下海 / 066
转型：从彩电芯片到交换机厚膜电路 / 066
重庆商海：年青一代的沉浮 / 071

▶ 专题讨论：华晶的沉浮 / 077

第三部分 ▶ 重建秩序：段永平与步步高创业史

前奏：香港商人与广东电子工业 / 084
特殊的会面 / 084
亿利达转战内地市场 / 085
浙江大学信电系的出路：从国有工厂到下海 / 089
弄潮广东：从装配电视到加入步步高 / 093

形成：步步高创业史 / 099
离开小霸王 / 099
奋战俄罗斯市场 / 101
沈炜领衔电话机业务 / 103
步步高的公司架构 / 109
阵痛中的变革 / 112
陈明永主持 VCD 播放机 / 116

聚变：段永平的经营哲学 / 120
质量运动 / 120
工人管理体制的形成 / 125
售后服务三步走 / 129
标王的隐忧 / 134
代理商体系与步步高的成功 / 138
炼成"别动队"地推铁军 / 141

基业长青："本分"的经营哲学 / 150

▸ **专题讨论：步步高社区的形成 / 154**
选址乌沙 / 156
工人的进厂、工作与晋升 / 157
步步高社区的管理 / 165
"保安新政" / 167
企业报与价值观塑造 / 169

第四部分 ▸ 双流入海：珠海炬力群英传

双流：台湾企业家西进与大陆工程师南下 / 172
亚力草创 / 172
游戏机芯片之战 / 177
小公司面临的大挑战 / 180

入海：炬力逆天改命 / 185
更名改组：从亚力到炬力 / 185
成为工程师乐园 / 186
寻找 MP3 芯片客户 / 191
市场攻坚战 / 195
专利战：从隐忍、退步到反击 / 201

草莽与领袖：炬力的时代意义 / 208

后记 / 210

第一部分

锦州新兴工业
建设始末

一座东北小城的宏愿

新生电机厂改造

1955年，由旧辽西监狱改造而成的锦州新生电机厂向上级打报告，请求支援人才。

这时，因巨额贪污入狱的王灿文已服刑5年。此前，他因在服刑期间表现积极，被减刑为无期徒刑。作为有技术专长的人员，他被调往锦州新生电机厂。

王灿文的到来，使锦州新生电机厂如虎添翼。他极具技术天赋，解决问题的速度很快。

普通工程师面对一台样机，想不出怎么造出一台新的来，但王灿文有这个天赋。虽然没有任何设计参考资料，但在钳工师傅的帮助下，王灿文总是保持着少则两三个月、多则半年的完成任务的速度。他反复运算、测试，得出了全国通用几十年的电工设计和计算公式。

王灿文屡屡立下大功，创下新中国最快的减刑纪录。两年间，他先从无期徒刑减为12年有期徒刑，再到获得假释。慢慢地他有了出差、学习的机会，有一次去北京，他顺手解决了公共电车的电机问题，获得150元特等奖金。1959年，因为工作成绩突出、贡献巨大，王灿文被特赦。

在北京出差时，王灿文跟随新生电机厂书记向第一机械工业部[①]汇

[①] 国务院原有组成部门，已撤销。

报工作。部里的领导带着他们参观有色金属研究院的实验基地，拉开大门，里面空空如也。这位领导不无悲愤地说道："苏联撕毁了合同，搬走了设备，撤走了专家，项目都下马了，要搞下去，只能靠你们了。"领导所讲的项目，正是真空感应熔炼炉。这种设备能够将镍、钴、锡等极难熔化的有色金属化为液体，是国防工业的核心攻坚难点之一。

鉴于真空感应熔炼炉属"卡脖子"工程，意义重大，辽宁省专门委派了一位工业科长任新生电机厂厂长。已是自由身的王灿文，被任命为总工程师。为攻克难关，上级还从清华大学、山东大学等单位调来30多名教授、讲师、工程师和技术员，充当王灿文的助手。

毫无疑问，王灿文成了蒸蒸日上的锦州工业界的一颗明星。每逢厂里工作有一些进展或需要支援，他便会向主管锦州工业建设的市委副书记杜良汇报。

身处中苏交恶的时点，一批工业建设项目外援中断，关键元器件和设备的国产化迫在眉睫，杜良察觉到其中的历史机遇，决心为锦州工业勾勒一幅新的蓝图。

锦州的机遇

› 扶持新兴工业

杜良是一位久经考验的革命干部。他出生于石家庄的一个中医世家，家境殷实，读到高中。1938年，他参加革命，在晋东南太行军区第四军分区作战多年。

20世纪50年代，杜良任职于锦州，成为分管工业的市委副书记。身为锦州市委成员，杜良本应把家安在市委大院，但是，那里人员出入都需要登记。为免除往来登记的麻烦，杜良居住在儿童公园附近的一栋小楼里。

在"一五"计划期间，苏联援建了156个大工程，为这些大工程配套的小工程，星罗棋布地分布在大型工业城市周围。锦州扼山海关，关外为东北工业重镇，关内为首都北京，因此锦州发展配套工业有得天独厚的优势。

新生电机厂便是锦州发展配套工业的一个典型。只要是用电的地方就需要电机。那时我国的工业基础薄弱，大部分电机依赖进口。进口的电机不但价格昂贵，花掉大量外汇，而且供货不及时，严重拖累了大工程的进展。为解决电机缺口问题，中央统筹分派各类制造任务。正是在这个背景下，新生电机厂收到国家的任务书和几台苏式样机，开始进行电机国产化研发。

中苏交恶后，中央提倡"土法上马、自力更生"，锦州发展配套工业迎来新的机遇。锦州市委一面向国家部委了解工业所需，另一面派出大批人马奔赴北京、天津、上海、苏州、无锡考察。

在一番考量下，锦州市委决定主打新兴工业。原因有二：一是锦州本地有颇多可以充分利用的原材料资源。二是大规模生产需要投入大量资本，小城财力不足。当时，很多关键器件和设备还没有国产化，其中大有可为，如果能创造出一个又一个的"中国第一"，便能奠定锦州在全国的工业地位。最终，锦州市委确定下四个方向——真空设备、石英玻璃、仪器仪表、半导体和无线电。

锦州确定的四大新兴工业，都是新鲜事物。杜良为此努力钻研，十分辛苦。放假时，他也时常待在办公室，起早贪黑，一天下来累得不想吃晚饭。小女儿见不到他，忍不住好奇心，闯入杜良的办公室玩。杜良发现后，严厉地批评了她。

杜良的办公室是一个时尚的发明家的实验室、维修间兼资料室，有一种独特的魅力。这间办公室的地面上充斥着石英玻璃、多晶硅、电子管等物件，桌柜上摆放着不少科学资料和教材。任何人看到这间办公室，都不会想到它的主人是一个能写会画，尤好收藏的市委副书记。王灿文每次进这间办公室与杜良交谈，都像回到了自己的主场。

新兴工业要发展，两个问题最关键，一个是技术搞得怎么样，另一个是资源有没有到位。杜良考察工厂，经常不提前打招呼，直接跑到车间和工段，与工人和技术员聊天。于是，厂长和党委书记只能在生产线上向他汇报工作，遇到有问题答不出的情况更是家常便饭。洞悉各个工厂的情况后，杜良抽调优秀的团员和党员支援各厂，如有资金问题，则协调财政局、银行共同解决。

在锦州上马的诸多新兴工业项目中，有一个不怎么受重视——半导体厂。

› 上马半导体厂

1960年，整日琢磨新兴工业的杜良，给锦州电工仪器厂下了一个命令，要求该厂专门成立一个半导体二极管试验小组。

半导体二极管是20世纪40年代末诞生的新事物，由贝尔实验室的天才科学家肖克莱发明。那时半导体二极管十分珍贵，一些无线电节目的狂热爱好者，用矿石代替半导体二极管，和一个探针组合起来，将探针在矿石上来回移动，直到能够收听到无线电节目。

新成立的试验小组的领头人是一名无线电修理员，他用仅有的一台矿石收音机检验生产的半导体二极管是否合格。

锦州市大搞"高、精、尖"产业，很快遇到了困难。当时，锦州市一窝蜂上马工业项目，导致粮食紧缺。锦州市大多数工业企业，不仅没有发展新兴工业的试验费用，连工资也开不出了。面临严峻的财政困局，锦州市委按照"调整、巩固、充实、提高"八字方针，对新兴工业进行调整、归并和定点。

在这个背景下，锦州电工仪器厂下设的半导体二极管试验小组摸索了数月，毫无头绪，自动解散了。这个小组除了一名无线电修理员，只有四名初中、高中毕业生，因此出现这种结果不足为奇。

杜良平日繁忙，有一天突然想起半导体二极管的事，却发现试验小组早已解散了。

杜良意识到，要想发展半导体产业，就一定要系统化发展。在软件上，他调来两名无线电学校毕业的科班生作为核心技术人员，再从印染、皮革厂调来100多名头脑里根本没有半导体概念的工人。在硬件上，他合并了两家小型半导体原材料厂，添置了一些破旧车床作为设备，将一个中学教室作为厂房，总共投资了9000元。

虽然设备简陋，杜良却依然对半导体厂充满信心。他从市属的其他工厂调来一个年轻人——马占一，作为负责技术的副厂长。这个小伙子虽然只上过高小，但敢作敢为。

终于，锦州市一手主导建立的半导体厂——辽晶——成立了。杜良站在工厂坑坑洼洼的地面上，对马占一说：

"看，就这个条件，困难吧？可是，没有困难还叫什么革命呢！不懂就组织群众到外地去学，学了就试验，试验失败了再学，再试验。就这个干法，行不？"

马占一点了点头。一场"恶战"就在眼前。

辽晶过四关

› 土法建工厂

马占一接过辽晶的担子，第一次体会到什么叫困难。

辽晶仅有的参考，就是一本珍贵的半导体教材。这本书里说，外国的半导体工厂是密封无尘的，有调温供气的专门设备，有专门的防护服，有仔细审视半导体结构的显微镜。如果照这个样子建设工厂，起码要经过几年光阴，花费几千万元，锦州自然是承受不起的。

放眼现实，所谓的"工厂"，就是一间年久失修的中学教室，墙面斑驳，地面上布满一个个混浊的水坑。至于工人，不要说防护服，连干净的衣服也是少有的。虽说不要求外国的"奢华"条件，但书里对于怎么搞半导体工厂有一个最低的要求：

墙壁要涂漆，地面必须是水磨石地板，厂房必须密封无尘。

这些问题会吓跑那些严格遵循教条的人士，但对马占一来说不算什么。课本上说的，无非是要"三无"——室内、人身、设备无尘。马占一让工人们坐在地面上,用抹布从坑里挖水泥,抹布用没了便用手帕,挖干净了,再用自制的腻子填坑。这种土办法对于糊窗缝同样有效。问题是,窗户没有玻璃。一些人提议买几块玻璃,马占一当即否决。他对工人们说:"把单身宿舍的窗户玻璃拿下来装上,宿舍窗户就用纸糊。"工厂是焕然一新了,人还得整洁,因为没有白工作服,厂里便定了一条规矩:穿干净衣服。

环境的问题解决了,接下来是设备、模具和零件。

辽晶的年轻技术员被派去上海的模范半导体工厂元件五厂学习制作测试仪器。辽晶的技术员默默记下看到的仪器,回到宾馆后马上画下来。辽晶的老师傅按照这些图纸做出机器骨架,再到上海买零件,把机器装配好调试。就这样,辽晶只用四五千元的费用,就能够做出一台市价三四万元的测试仪器。

测试仪器等设备做起来较为复杂,金属冲压零件则好办一些。辽晶的技术员在上海学习的时候,用其他工厂的精密设备做出十一套模具,带回锦州,之后就可以自行加工零件,节约了一半甚至九成的费用。

更加简单的设备材料,就不用去上海买了。一些简易的物件随手可得。烧结炉没外壳,就用水桶做壳;炉内壁没有石棉,工人到"老东家"那里拾一些耐火石,用来代替石棉;其他各类边角余料,都不在话下,也可从原工厂那里直接取来。用工人自己的话说,这是"娘家给填补点儿"。

打扫了卫生,改造了厂房,制造了设备,辽晶硬是被赶鸭子上架,用土法建了起来。马占一约法三章,除了之前已有的"三无",他树立了"三定"——定设备数量、定设备位置和定专人管理,还有"三检"——

检查科、卫生检查员和领导定期和不定期地检查卫生。

为了迎接马上到来的试验，马占一发动大家进行卫生竞赛——流动红旗比赛。他专门向市里打了报告，要来一批白工作服，车间生产人员从此一律着白衣、穿拖鞋。车间被划为不同区域，每个区域设专人负责清扫，按照清洁程度给不同卫生小组颁发红旗。

半导体厂的灰尘容易扫，试验却没那么容易做。

› **军心不稳**

1962年秋天，一位外地来的工程师听闻辽晶后，在厂内游览一番，当着几位厂领导的面说：

"我劝你们还是赶紧改行吧！这个条件怎么能生产出半导体来呢？敢想敢干，也得有个边儿呀！"

马占一看在眼里，心里很焦急。厂里的试验一直没有成功，两年了，没出来任何产品。

当然，大家都很努力，辽晶快成一个半导体夜校了。上至厂长，下至工人，个个通宵达旦，不分假期和工作日，时而翻阅书本，时而动手操作。但是，这改变不了试验严重缺乏设备的局面。没有必需的设备，工人的第一想法是用手做，这令人哭笑不得，却无可奈何。

说风凉话的工程师没走多远，厂里的一个去外地学习的车间主任回来了。众人敲锣打鼓地专门开了个报告会，本想听些令人振奋的消息，这位主任却讲了两小时大厂条件如何好，设备如何先进，技术力量如何强。最后，他直接下了断语：

"我早就看透了，咱们厂要钱没钱，要设备没设备，而且让一群门外汉搞试验，简直是赶鸭子上架。"

马占一如芒在背，车间主任的话绵里藏针，而且分明说的就是主管技术的他。这个悲观论调很快在厂里传开，不明事理的工人口耳相传，认为工厂就要倒闭了，半导体项目注定要下马。见事态愈发严重，辽晶专门开了个会，批评这种动摇思想。有了这次教训，辽晶每次派人去其他厂参观，就严令不准什么都看，必须限于特定的工序，免得被别人的进口设备给吓坏了。

但是，不看好辽晶的不只是内部的员工。两年亏损已多次耗尽上级下拨的研发预算，在市委副书记杜良参加的一次会议上，锦州市政府的一位科长批评了辽晶两小时。他举出诸多理由，主张尽早收摊子。最后，这位科长面朝马占一的方向大声质问：

"马厂长，你说说，就凭你这个半路出家的技术厂长，就凭这样的人马刀枪，你怎么能过技术关？面对既成事实，就应该认输，不然越陷越深，浪费越来越大。"

马占一眼圈有点儿红，会议不欢而散。会后，杜良叫住马占一，安慰他：

"闹革命、搞建设，总是要付出一些代价的。在这个时候，关键是领导的态度。要为国家争气，不要考虑个人得失。回去多看看《实践论》。"

马占一听到杜良安慰的话，心里有了底。但是，接下来的经费谁出，杜良却没有说。辽晶同时开发二极管和三极管，三极管没搞出来，二极管质量太差，根本没有销路。产品没有销路，工人买蒸馏水都不敢买大瓶的，因为雇三轮车运回厂里得多花一笔车费。工厂的财政状况已是迫在眉睫的问题。于是，马占一壮胆问杜良：

"杜书记，钱快没有了，我们厂的新产品开发怎么办？"

杜良笑了笑，说了四个字："以副养主。"

以副养主，是一种以农业和手工业来养新兴工业的做法。锦州市没有中央下发的预算资金，开发新产品成功率较低，财政资金又消耗很快。于是，一些工厂领导带着工人出去挣钱，让剩下的工人坚持做试验，成为锦州市工厂通行的做法。

马占一回到厂里，与党总支商议了一下，决定就这么办。有人去卖冰棍儿，有人上山采药，还有人到皮毛厂当起了工人，给别人缝皮子。

就在此时，工厂有人贴出了醒目的大字报：

"半导体厂是挂羊头卖狗肉，挂的半导体牌子，干的是乱七八糟、大杂烩。快点关掉吧，拖得时间越长，浪费越大。"

辽晶的工人从各处调来，原来都是有好去处的。眼看着半导体厂江河日下，工资都快领不到了，还得养别人，工人们怨声载道。马占一自觉脸上无光，实在没有办法，只得跑去找杜良。

杜良来到工厂，召开全员大会。他站在地上，对惴惴不安的工人讲：

"新事物有人反对是正常的，要不还叫什么新事物呢？你们的任务是，越有人反对，越积极促进它成长。你们的成功之日，才是反对意见消失之时。"

辽晶的工人在知道了市委坚定支持半导体厂后，吃了定心丸，不再疑虑。

›攻克试验难关

辽晶屡屡失败，试验人员士气受挫，请求马占一添置进口设备，这样才能按苏联的工艺流程工作，况且一般的研究所和大厂都是照搬苏联的工艺流程的。但是，试验人员知道，厂里没钱。事情就此僵住了。

马占一召集试验人员一起读《实践论》。在读书会上，他读道：

"人们要想得到工作的胜利即得到预想的结果，一定要使自己的思想合于客观外界的规律性，如果不合，就会在实践中失败。"

马占一突然提高嗓门，严厉批评用进口设备的主张："工艺是'洋'的，设备是'土'的，做出来的东西自然不合乎规格。安装新设备是肯定办不到的，半导体厂只能走改革'洋工艺'来适应'土设备'的道路。如果不扭转思想，注定要失败。"

试验的第一道关口是扩散工序，本来需要一台10000多元的测试仪器，用来测试有多少锑元素挥发到锗片上。技术员现在用土办法，等金属扩散完再量剩下多少，一减，便可得出扩散的量。土办法容易想，不要求脑瓜聪明，就难在拼体力上，好几班人倒了几次班，经过上百次试验，才过了这一关。

在这一关后，又经过许多关，每一关又经过上百次试验，到了电解关。辽晶的产品在这一环节的废品率飙升到50%，良品率迟迟上不去。马占一带着技术人员蹲点，最终发现良品率低的原因在于，电解质量要经过24小时烘干后才能测试出来。时间一长，问题难以纠正。在产品经过电解后，工人不知道其是否合格，便放到下一个工序，就好像盲人洗完衣服不知道衣服是否干净就拿出去晾晒一样。因此，问题便积累到下一个环节，最后制造出了不合格产品。

做别人不敢做的事时，不能光顺着道走，那样是成不了大业的。

马占一认识到问题所在，提议改变电解工序，在产品电解后马上进行测试，这与苏联的工艺流程完全相反。按照原有做法，产品电解后必须彻底烘干，然后才能放入密封箱进行测试。产品电解后湿度较大，能否立即测试是一个大问题。马占一让技术员按照他的思路想法子。技术员先是用甲苯，后来用离子水作为保护层，将其加到半导体上进行测试。经过三四个月的反复试验，这一办法终于奏效，废品率降到了10%以下。

摸索出每道工艺的精妙之处后，辽晶将其定型，纳入工艺规程中，然后逐步向军用质量标准过渡。

经过18道工艺连续反复试验，1963年4月，辽晶成功生产出难度颇高的三极管。这一消息传遍全国，订单纷至沓来，工人欣喜若狂，原来在外面卖冰棍儿的、缝皮子的、采中药的工人都回来上工了。

› 挽救次品

辽晶欢天喜地，大搞生产。到了7月，工人发现次品越来越多了。随着时间的推移，之前生产的合格的晶体管也都报废了。

全厂震惊。

马占一连忙带人逐道工序查看，最后发现原因。原来雨季空气湿度大，晶体管在封装时进去了水分。经过研究，大家想出3种解决问题的方法：一是装空调，除湿，耗资数十万元；二是在封装晶体管时涂硅树脂，防水分侵入，这种材料需要进口，耗费外汇；三是先停产3个月，这样更无法承受。

3种办法都不行，马占一灵机一动。这3种办法，无非都是要使生产环境和晶体管存储环境保持干燥。他带着几个技术员找到了一种控制操作台温度和湿度的方法，又用土办法造了一种吸潮剂。只要在晶体管处于高温时迅速封上，即可彻底解决湿度大带来的问题。

但是，没过多久，就有客户拿着产品登门诉苦，要求退货。技术员用测试仪器测，拿出第四机械工业部①下达的标准对比，完全合乎规定，怎么能退货呢？但是，客户用着不满意，就是要退货。

马占一过来了解情况，发现问题所在。上门退货的客户是那些用晶体管修理二手收音机的单位。二手收音机售价低廉，配一个晶体管，是为放大无线电信号，好让人们收听节目方便些。厂里生产的晶体管放大系数低，无法满足所需。这些单位虽然不是大客户，但辽晶初建，事业基础还非常脆弱，每一个客户对辽晶来说都很重要。于是，马占一说：

"给客户退货，我们要为客户负责，不管多么符合国家标准，不符合客户需求也不行。"

马占一的策略迅速取得成效。辽晶改进工艺，升级产品线，质量达到军用标准，而且上门送货，客户极为满意。辽晶的产品销路就此打开。

马占一见此法有效，便每年派人去主要的大城市登门访问客户，收回质量不过关的产品，重新补发。这是一个非同寻常的做法。收回次品

---

① 成立于1963年9月，主管电子工业，已撤销。

意味着服务成本提高，但辽晶不如此不足以与大厂竞争。北京电子管厂（774厂）每年沿着铁路干道宣传自家的产品，声势浩大，年营收额过亿元。作为一个锦州的小厂，辽晶没有这样的本领，只能借每年一次的客户回访，一方面提高工艺水准，另一方面巩固地盘，扩展销路。

1963年冬天，辽晶成为锦州新兴工业中最闪亮的星。锦州市诞生了多项"全国第一"：第一个石英玻璃管、第一台真空感应电炉、第一台便携式半导体收音机、第一束人造塑料花、第一台电子轰击炉……但是，哪项也比不上辽晶的晶体管，因为辽晶克服的困难最大，为新中国的经济建设也做出了巨大的贡献。

既然辽晶在全国的半导体工业中走到了前面，那就要再给它加一些担子。1964年初，锦州市委副书记杜良给马占一安排了一个新任务——研制高频大功率管。此任务一经宣布，厂内哗然。不同于二极管、三极管，高频大功率管是其他研究所都还没研发出来的新品种，辽晶这样一个刚站稳脚跟的小厂，能研发出来吗？

一个副厂长的烦恼

锻炼大学生

› 向新产品进军

辽晶研发出二极管、三极管两个品种后，厂内的主流声音是维持现状、稳定经营。晶体管供不应求，辽晶积累利润，购置设备，再去扩产或研制新品种，才是稳妥的经营策略。

辽晶向前发展的根本掣肘之处，在于生产设备极端缺乏，测试台、电解台、自动送料装置都没有。经统计，辽晶重要工序的机械化程度不足2%，大量工作需要手工作业。在此情况下，老产品良品率上升困难，扩产无力，新产品试制也缺乏实验设备，左右为难。

而且，辽晶的工人和技术员普遍认为，设备是工艺进步的核心驱动力。既然现阶段没有新的设备进来，就应该维持现状，不做工艺上的改进，将重心放在整顿生产秩序、提高生产效率上。

马占一不这么看，他认为，反对发展变化，主张停止不前，这是形而上学的观点。半导体制造业日新月异，把工艺规程稳定下来，正如给一个迅速发育的儿童长时间穿一套很小的衣服，会束缚其成长。辽晶此前之所以能够迅速发展，正是因为对生产工艺大胆革新。如今持续革新，难度大幅增加，超出了大家的学习能力，使人产生快被淘汰的危机感。

于是，马占一在辽晶设立了一个"再升组"。对每一个老产品，都委任一两个技术员负责工艺升级，以持续提高产品质量。

对于市委下达的高频大功率管的研制任务，马占一认识到，辽晶需要发起一场新的技术革命。此前参与创业的老员工，在心态上不适合承担这个艰巨的任务了。那为什么不让大学生试试呢？于是，一些电子专业的大学生进入辽晶实习。

在辽晶举办的大学生欢迎典礼上，马占一表达了自己的期待：

"年初，市委的杜书记向我交代了试制高频大功率管的艰巨任务。部分同志认为，按我们厂的具体情况，能搞成现在这样子已经很不错了，应该停止脚步，整顿工艺规程和管理制度，不必再搞什么新品种了。

"这种思想是不对的。我们辽晶既然要争取在短时间内赶上甚至超过世界先进水平，就绝不能满足于已经搞出来的两个普通品种，还必须敢于攀登技术高峰，不停地前进！"

› **实验破"洋框框"**

山东大学的大四学生宋学文在辽晶实习，干了没几天便陷入郁闷。

为了完成上级下达的高难度任务——研制高频大功率管，马占一在辽晶建立了一个由来自各个名牌大学的学生组成的试验小组，其中便有宋学文。宋学文是为写毕业论文而来的，满心欢喜，本以为使用各种仪器，试验必定马到成功，没想到，事与愿违。在提方案的时候，宋学文提出，搞这个项目，起码需要光刻机、热压机、蒸发机等外国进口设备，粗算下来需要十几万元。没有这些设备，断然是搞不成的。马占一听到此话，立马拉下脸来，有些生气：

"把厂子卖了，也买不起！"

大学生试验小组和马占一争执起来，宋学文反驳：

"用'土法'搞尖端产品，是不尊重科学规律！"

马占一高小毕业，哪里说得过大学生？气恼之下，他直接建立了另一个试验小组。一个中专毕业的女生是共青团员，她自告奋勇挑起这个重担。这时，大学生试验组发生分化，有些人主动转组，参加试验。

宋学文更加低落。他心想，自己的论文要泡汤了，毕不了业就麻烦了。

马占一亲自督促试验，那些学历不高的技术员跟打了鸡血一样，成了试验迷。一些年轻人半夜忽然想到问题，跑到车间继续试验。经过4个月，失败70多次，马占一终于看到了一个合格的样管。

宋学文惊诧不已，不敢相信这是真的。看到产品测试合格，宋学文质疑仪器出了问题，误差大。马占一让技术员把仪器拆了，校验无误，宋学文仍是摇头。后来，又有一位大学教师前来测试，也没有任何问题，宋学文还是将信将疑。马占一"啪"的一声把管子扔到地上，对宋学文吼道：

"这下你信不信！"

宋学文看到管子完好，心中不由得一惊，他一直以来瞧不上的"土法"取得了成功。接下来几天，宋学文尽管心里有些别扭，但也由衷钦佩负责试验的中专生。毕业分配时，宋学文主动要求到锦州工作。报到当日，马占一抚着宋学文的背，哈哈大笑道："你的'洋框框'总算是破了！"

› 辽晶人才的金字塔结构

宋学文初来辽晶工作，非常上进，3个新产品，他参与了2个，而且都搞成了。在新产品试制工作中，大学生表现出了威力。

从宋学文的例子，马占一领会到如何去发挥大学生的作用。大学生群体长期脱离实践，迷信书本上的内容，容易被"洋框框"束缚。于是，马占一确定了6个字、3个词的大学生用人策略。

一是吸引。大学生选择的余地大,全国的工厂多如牛毛,辽晶不起眼,留人一定要真心实意。兰州大学的学生来辽晶实习,马占一说:"你们都来我厂,来了之后不需要实习过渡,每人领一队人马搞研究。找对象嘛,不用愁的。"

二是批评。对于不能及时转变思想的大学生,马占一通常是严厉批评,当面批评几次,情况会好很多。当大学生的思想转变过来后,用马占一的话来讲,便是"原来只有一只翅膀飞不起来的老虎,现在又添了一翼,双翼并举,就能展翅高飞了"。

三是大用。马占一说到做到,对那些一心扑在新产品研发上的大学生提拔得很快。四川大学毕业的许传江进厂后,日夜工作,就像被粘在了试验台上一样,工作成果颇丰。马占一很欣赏许传江,迅速将其提拔为实验室主任,并专门给他一间小平房用来做试验。

在辽晶的人才金字塔中,如果说本科生居于塔尖位置,那么居于塔中的,便是大专生。

马占一知晓知识的力量,尽力将本科生与大专生用在实处。

对于工人,马占一也是一样的标准,看晶体管(也就是"管子")说话。出差回来,他第一句话就是问:"管子出来了没有?"一旦发现工人动力不足,他便予以激励,只要拿出管子,就有奖励。

久而久之,辽晶工人都知道马占一秉持"技术第一"的理念了。

至高无上的任务

› 整顿怠工

从1964年下半年开始,辽晶很多人都感觉到副厂长马占一的火气越来越大了。

随着辽晶的发展,"积极怠工"的现象越来越多。大家表面上为了解决生产问题每天开会,实际上这些会议和活动才是问题本身,多到影响正常的生产活动。马占一作为主管业务的副厂长,看在眼里,急在心里。

在一次生产调度会议上,厂长说一位工人的思想工作不好做。有人主张,耐心说服,做好思想工作。马占一性子急,认为思想工作也要有棱角。开完会,马占一跑到员工宿舍,对着那位正斜躺在床上的工人大声警告:"再不起来就开除!"那人听了立马起身,跑去生产线上干活了。

马占一认为,工厂只有一个中心,就是生产。

面对怠工现象,马占一想出各种办法,试图整顿生产秩序。在每个工位上,他都贴了一块白底红字的板子,上面写着"人人要反对马大哈,人人要抓马大哈,人人不做马大哈"。久而久之,工人将马占一称为"一个典型的实用主义者"。

› 关键任务攻关

当时国外生产了一种半导体电台,体积小,功率大,能够自动搜索匹配信号频率,通信距离远。这种半导体电台之所以功能强大,因为其全由晶体管组成,体积大大缩小,性能也成倍增长。

1965年1月，第四机械工业部向辽晶下达了为期10个月的研发任务：研制该半导体电台中的5种晶体管。部里送来的只有样管，没有任何技术资料。辽晶接到任务，党总支召开联合作战会议，决心再立新功，在会上宣布：

"我们要在国产飞机上多装自己的管子！"

会后，辽晶副厂长马占一马上着手部署研发工作。原来，第四机械工业部的规定是，新产品从试制到投产，要经过3次鉴定、1次设计定型。马占一不满厂里的怠工现象，决心利用这次机会进行整顿。他主张，将原有流程缩短成1次鉴定、1次设计定型，辽晶的生产节奏也要快马加鞭。

经过整顿，全厂风气为之一振。最后，辽晶竟然只花了不到20天的时间，也就是第四机械工业部要求时间的1/10，完成了全部5种晶体管的试制工作。

但是，令人没有想到的是，辽晶在随后的检查环节中栽了跟头。

› **难过的鉴定关**

1965年初，辽晶研制的5种样管迎来了特派巡视员的检查。检查结果很快出炉，3种样管合格，2种样管未通过检查。

对于质量问题，辽晶其实有自己的苦衷。

"先解决有无，再解决好坏"，是辽晶的生存之道。辽晶的设备一直需要用人力改良，不是长久之计。没有大笔的设备投资，辽晶在成熟产品的良品率上注定落后于全国大厂，所以不如鼓足力气研制新产品。长此以往，辽晶能够积累相当多的利润，便可购置许多新设备，从根本上解决良品率的难题。

但是，马占一逐渐意识到了这一模式的漏洞。辽晶新产品出得越快，在全国的半导体工厂中表现得越好，生产任务就越重。这样一来，便难以腾出手来试制新产品。

当时，马占一由于负责研发预算的财务部门和验收成品的检查科的掣肘，不能又快又多地上马新品种，也不能顺利地将新品种卖给其他单位。

这种内部的权力制衡，缘于计划经济体制下国家对于工业企业的定位。工业企业就像一个上层设计的机械系统中的齿轮，紧紧咬合，相互嵌套，位置是固定的，极难突破。而市场经济中的工业企业，却是一个较少受到干预的自然丛林，生态系统是动态变化的，企业的位置随时有变化的可能。

辽晶，以及当时众多的工业企业，正想突破既定的机械系统中的固定位置，成为自然丛林中自成一体的小生态。

问题是：它们能突破吗？

辽晶的围城

› 工厂管理体制变革：一长制与集体领导制

自20世纪50年代全国工业化开始，工业企业的领导制度先后经历了几次转变。

20世纪50年代初，对于工厂的领导制度有两派主张。一派主张按照苏联的"一长制"，也就是厂长全权负责制。另一派主张集体领导制。从1954年开始，"一长制"成为主流。

1956年，风向改变，集体领导制又推行开来。

很多工业企业的车间、工段和科室，也就是最小的生产单元，也实行集体领导制。当时，鞍钢机修总厂的一位支部书记，用手指在精密零件上来回比画，认为"大体合格"就放出厂，被周围的检验员传为笑话。八字整改方针确立后，对基层的调查发现，工业企业有了集体领导，但少了厂长负责，也没有了岗位责任制；集体会议成了生产调度会，事无巨细，皆上会讨论表决，最后思想工作和生产工作都没有做好。

中央意识到工业企业存在的问题，在1961年颁布了《国营工业企业工作条例（草案）》（简称《工业七十条》，重申从厂部、车间到工段实行责任制，要求人、事、物皆分工明确，专人负责，厂长、总工程师与总会计师分管生产、技术和财务工作。《工业七十条》第一次允许企业开除懒惰且不服管理的职工。正是在这一背景下，马占一得以屡建奇功，逐步成为辽晶的实际负责人。

不过，《工业七十条》虽然限制集体领导，力图避免外行领导内行，但也难以摆脱时代的局限，实际上并没有彻底改变集体领导制。工业企业要高效运转，就必须有一个权威，也就是厂长，而非集体领导，要由厂长集中统一指挥生产活动。

但是，一个工业企业，不管是厂长负责制还是集体领导制，在从生产到销售的诸多关键事项上，都直接受限于计划经济体制。

那么，工业企业与计划经济体制的关系是怎样的呢？

› 计划经济体制下的工业权力结构

对于工业企业来说，计划经济体制构建了一张异常严密的网络。

首先在原料采购环节，物资供应是严格控制的。中央将所有生产资料划分为三类：一类是煤炭、钢铁、木材、水泥等"统配物资"，由国家计委（全称"中华人民共和国国家计划委员会"[①]）统一分配；二类是各工业部门统一分配的物资；三类是企业之间能够自由交换的物资。由于物资种类繁多，在国家计委制订分配计划后，实际上还是交由各部委分配的。即便如此，工作量还是异常繁重。工业企业害怕不能完成计划任务，也力图避免二次申请过于耗时，倾向于多要原料，最终造成大量的库存积压。

原料采购之后，是生产环节，固定资产和技术革新是这一环节最重要的两件事情。但是，工业企业几乎失去了这两项权力。

固定资产科目，由国家统收统支，实报实销。资产折旧本来有如企业必需的氧气，需要多少，有没有吸完，工人、技术员和厂长最清楚，但它被当作虚拟游戏中的金币那样上缴并存在上级那里。

西方各国的机器一般长则七八年、短则三五年折旧完毕。而我国工业企业的折旧期限，却在长达20多年的时间里一直是25年。体现在企业的账目上，前期经营会因折旧较少产生较多的会计利润，但企业的现金流并未改变。如果不能保持正常的折旧速度，会产生一个负面影响，即机器无法及时得到更新和补充，在技术上已经被淘汰的情况下，在会计

---

① 国务院原组成部门，已撤销。

科目上仍然没有折旧完毕。于是，工业企业只能用过时的生产线，制造出落后市场一代甚至好几代的产品。

固定资产折旧时间过长，当然有方法解决。一是向上级申请大修资金，二是申请进行技术革新。前者只能用于恢复机器原有的性能，有时修理所耗人力花费比买新的机器还要大。后者往往不如新厂建设受重视，时常被搁置。这两种办法，在本质上鼓励因陋就简、勤俭办厂。

既然既有的固定资产得不到更新，那么，当机会出现时，企业更倾向于要新设备，多多益善，经常有机器被藏在仓库里，不被启用，便是这个缘故。于是，一些工业企业逐渐失去了最大限度发挥设备生产力的能力。

最后，到了工业企业要研发新产品和销售新产品的时候，又会面临两个阻碍。研发新产品，需申请新产品试制费用，这笔费用无着落，一些工业企业的产品二十年如一日，直到原来市场上的畅销产品变成滞销的库存。如果研发出新产品，即便研发成本很高，价格受物价部门管制，也不可绕过商品流通部门自行拓展销路。就这样，最终企业亏损了，反倒有政府财政来兜底。

因而，从最初的原料采购到最后的产品销售，工业企业的经营活动经常处于走流程的状态。盖十几个图章，经历几个月时间，这是较快的解决速度，还有些没那么幸运，一拖数年得不到解决。

能够真正做出成绩的人，往往是工业界最不怕麻烦、胆子也最大的。辽晶的副厂长马占一正是一个勇于冲锋、锐意进取的改革者。

改革蓝图的诞生

钦定的桂冠

› 新产品研发改革

一个安静的夜晚,锦州市儿童公园附近的那栋小楼还亮着灯。马占一带着一个公文包,风尘仆仆地来到主管工业的市委副书记杜良的办公室。他诉苦,新产品研发遇阻。

杜良早有预料。马占一是个"大嘴巴",凡事耐不住性子,总要嚷嚷。看着马占一,杜良呵呵一笑:"夜行军,不吹喇叭。"

马占一深以为然。

辽晶最先开发两种晶体管,每年能有几百万元的收入,从中拨出几十万元新产品研发经费绰绰有余。

原来,早在1960年,锦州新兴工业第一次遇到困难,杜良提出新产品试制的方法加以应对:在老厂之下另立新组,抽人、设备和原料试制新产品,成本全摊入老产品中。如果条件成熟,就将新厂独立。新企业成立后,还要源源不断地试制新产品。

此外,锦州骨干企业之间也相互扶持,辽晶率先发展壮大后开始支援其他企业。有一次,锦州市营的石英玻璃厂缺设备,辽晶恰好正生产硅冶炼和分析化验设备,造价30多万元,辽晶马上调配设备予以支援。

› 动员再创业

1965年夏天，锦州新兴工业取得颇多成绩，锦州市委发起"创业史"回忆征集活动。马占一提交的文章写道：

"船行海心遇风难，惊涛骇浪遮视线，纵有意志坚如钢，航向难辨怎向前！啊！在最低沉的时候，忽然出现了小汽车喇叭声，幕后有人高呼，同志们！是市委领导来了，在大海航行迷失方向之际，忽然出现了灯塔，又指引了我们前进的方向，照亮了人们的胸膛。"

不久，锦州市委组织了盛大的"工程技术人员命名大会"。早在1964年，杜良别出心裁，建议市委组织一场"新兴工业动员大会"，5000余名干部参加了会议。市委书记站在文化宫讲台上动员大家，所有人不问出身，谁能打硬仗、有技术成果，就会被破格提拔。一年过去，锦州市委表彰了几百位技术人员，排在第一位的工厂是辽晶，排在第一位的个人，是在辽晶只有小学学历的刚升为厂长的马占一。

› "新品至上"被纳入五年计划

1965年9月，锦州市委向中央汇报了辽晶的工作成绩，国家科委（全称"中华人民共和国国家科学技术委员会"）的工作人员在深秋赶赴锦州考察，对辽晶颇为满意。工作组调查报告说，国内其他厂的晶体管良品率平均在65%以上，辽晶为46%～48%。但辽晶的技术力量较强，可以偏重于发展新品种。

1965年11月，锦州发布第三个五年计划草案，再一次重申"新品至上"的发展策略。对于研发新产品，草案指示：

"做好生产企业与大专院校、科研部门、使用单位的'厂外三结合',在技术、设备方面得到更多的指导和帮助;要建立既从事研究工作,又参加试验、生产实践的研究室或研究小组,以便提高技术理论水平。"

拿到这份草案,马占一既惊又喜,他感激杜良,既或明或暗给予支持,又不忘高瞻远瞩,指明方向。已是凛冽寒冬,马占一又一次在深夜去了杜良的办公室。两人长谈一宿,杜良办公室的灯光亮到天明。临到工作时分,两人分别,杜良拍着马占一的肩膀说:

"工交会议明年1月召开,等我好消息。"

锦州模式在全国工交会议上的表现

›非典型荣誉

从1966年元旦开始,一切事情仿佛都装上了加速器。这一年的大年初一在1月21日,是200年来最早的一个春节。

1966年1月26日,全国工业交通会议(简称"工交会议")在北京召开,锦州市委副书记杜良心中忐忑不安。节前他住在北京饭店,向中央汇报工作,直到小年前一天(腊月二十二),他还在与副市长及经委、科委等一班人马商讨,东北局和辽宁省委已经报请中央,将锦州命名为大庆式新兴工业城市。下一步该怎么办?节后即将召开的工交会议树立了四个典型——搞石油的大庆,搞原子的第二机械工业部[①]、大工业城市上海、新兴工业城市锦州。谁能想到,一个只有40万人口的辽西小城,竟

---

① 国务院原有组成部门,已撤销。

然可以与大上海相提并论？

毫无疑问，在工交会议上树立的四个典型中，锦州是非典型的一个。相比石油系统的工人代表王进喜，锦州新兴工业的工程师代表王灿文很不寻常。杜良在汇报工作的时候提到，王灿文发明了全世界先进的电子轰击炉，领导人很感兴趣，给他起了一个外号——"机电之花"。

›汇报锦州经验

1966年2月12日上午，在北京饭店宴会厅，杜良向全体代表做关于锦州发展经验的报告。

锦州报告会规模不大，却令杜良紧张，因为与会者大多是杜良的老战友和同事。抗日战争时期，杜良在晋冀鲁豫根据地工作，1945年后，他和很多老战友一样支援东北。杜良代表锦州做报告，不能在老战友面前丢脸。

杜良的报告从1958年开始讲起。1966年的工交会议，是工业和交通系统自新中国成立以来最为全面深入的一次总结，从朝鲜战争到"一五"计划结束，是我国工业建设的第一个时期，苏联援助发挥了重要作用。之后，我国进入一段漫长的自主摸索期，第一阶段工业成果在全国的扩散、对进口工业产品的国产化和先进工业赶超外国，成为这一时期的三个命题，而锦州恰好出色完成任务，由此成为全国工业化的一个代表。

杜良站在宴会厅的主讲席，讲到1958年：

"全市工交系统广大职工破除迷信，解放思想，反对'贾桂思想'，向发展新产品、新技术进军……"

与会人员表示：

"反对'贾桂思想'，我们不演老戏《法门寺》，我们演新戏……"

《法门寺》是很有名的一出京剧，讲的是明朝大太监刘瑾掌权期间的一件公案。不过，这出老戏最令人印象深刻的不是痴男怨女，也不是九千岁刘瑾，而是在佛殿上给老太后念诉状的贾桂。这个丑角过于突出，塑造的奴才形象过于成功，以至于成了当时溜须拍马行为的代名词。

接着，杜良讲到锦州在1961年"八字方针"调整期间的举措：

"这一时期，锦州组织一些人员对内调查研究，对外走访学习，为新兴工业的发展找门路……"

有与会人员表示赞同，说：

"杜良所讲的这个问题，对全国中小城市的工业发展，提出了一个带有普遍性的问题。天天喊发展，发展什么，怎么发展，这不是一厢情愿的事，一个是我们行不行，另一个是人家要不要，中小城市都应当解决这个怎么办的问题。发展工业最重要的是市场问题，地方工业的方向，第一个是农村，第二个是大工业，第三个是军工三线，第四个是出口援外。发展方向问题，各省市都要认真考虑，实事求是地解决，不要都指望列入计划……"

› **再上新台阶**

工交会议在北京举行，同时锦州市委在文化宫举办了有5000人参加的会议与其遥相呼应。市委第一书记对着台下的工人讲，要认清全国工交会议后的新形势。对于锦州来说，最大的新形势莫过于过去的成功模式被举得很高。《人民日报》这样总结锦州新兴工业的成功经验：

"'先塑神，后盖庙'（先搞小规模技术试验，试验得差不多了，再去搞设备、建厂房）；开展协作和厂内外三结合，包括科学研究和生产的'接力赛'、远距离挂钩等；统一规划，分工协作，集中力量，打歼灭战。"

这些成功经验，无一不是杜良反复思考、强调和实践得出的。

1966年的全国工交会议从1月26日一直持续到3月5日。在北京的40天里，杜良思考着锦州未来的工业发展方向，他仍然推崇新产品至上的战略。思谋良久，他想出几项策略应对研发需求的变化：

一是轻装上阵，放下一般品种（往各县、往农村放一批品种），市内要上一些高、精、尖的新品种；二是不走楼梯，要坐电梯，在自动化的基础上，让新兴工业大发展。

要实现这两个策略，当然离不开最大的功臣辽晶的努力。

马占一为辽晶制订了一份格外激进的1966年赶超规划。这份规划上写满了"冠军""全国第一""国际领先"等字样。他的豪情壮志同样写在了在《人民日报》的署名文章上：

"实践证明，探索新的技术，也像登山一样，绝不止一条路。外国人从南坡登上珠穆朗玛峰，固然是重大成就，中国人从险峻的北坡登上这个世界最高峰，是更光辉的功绩。在科学技术方面，不跟在别人后面爬行，要赶上和超过别人，只有打破'洋框框'，走自己的道路！"

"托拉斯"改革

› 新品为王的经营策略

全国工交会议确立了锦州新兴工业在全国的地位,也给包括辽晶在内的代表性工业企业带来了更大的压力。如果后续研发出的产品不是全国领先,锦州还怎么当得起"新兴工业城市"的名号?所以,要出成绩,必须"新品为王"。

当同期的许多中小规模工业企业在为拿不到计划经费和订单发愁时,辽晶却一反常态,主动投向市场的怀抱。

彼时的市场存在一个显而易见的事实——晶体管短缺。

晶体管发明已有十余年,其战略地位日渐重要,全国的工厂都背负着各自的生产任务,却很难采购到必需的晶体管。于是,一个计划外的晶体管市场在上海形成,辽晶的拿手产品低频大功率管成为许多采购员和供销员心仪的对象。根据市场上晶体管品种的价格区间,辽晶制定了相应的研发计划和产品策略。

马占一到上海出差,回到辽晶后,正式提出要走发展新路。在他看来,松下公司是日本电子工业一个极好的典范:注重研发,产品推陈出新,很有增长活力。实际上,松下公司坚持的就是"新品为王"。

但是,辽晶要学松下公司,要坚持"新品为王",有太多的问题需要解决,设备购置难就是其中之一。

› 改革迈入正轨

在上海出差时,马占一找到了设备难题的解决之道。

上海有辽晶所需的各式各样的设备,而设备是辽晶实现杜良下一步"高、精、尖"产品规划的生命线,马占一想出一个方法,可以获得所需设备。

以物易物,成效显著。辽晶和上海的一些研究所达成协议,拿产品换设备,一台电位差计、一台示波器、一台光点检流计……到后来,辽晶就不缺设备了。

晶体管新产品试验设备越多,自动化程度越高,研发效率越高。凭借更多的设备,辽晶的新产品试验得以大刀阔斧的推进。

1966年上半年,辽晶用于新产品的研发费用达到45.8万元。

对于新产品研发,马占一总结了"四借"原则:借米下锅,借锅做饭,借兵出征,借地生财。企业得以按照市场和企业实际发展需要安排研发。

但是仅有"四借"原则,发展速度还不够快。工厂就那么大,老产品一定会和新产品抢生产线。因此,"新品为王"还要求不断甩掉低附加值的老产品。

杜良从北京回锦州,给马占一指了一条明路。20世纪60年代的工业建设逐渐恢复,正在催生更多的城市人口,锦州需要安置剩余的劳动力,而辽晶恰好需要甩掉老产品的包袱。于是,一个方案出炉了:

辽晶出资成立两个街道工厂,招收工人,将生产任务和其他订单交给这两个工厂。

这只是杜良宏伟计划的一小部分。杜良还设想成立一个厂办科研所,同时将辽晶的生产活动分拆给13个专业街道工厂,让它们分别负责从仪表、设备到材料制造等供应链上游的环节,同样滚动开发新产品。这样,辽晶便能充分发挥产业链分工协作的优势,聚焦本厂的晶体管新产品研发。

辽晶、厂办科研所及13个附属企业,构成了杜良所称的"托拉斯"。马占一对辽晶"托拉斯"的构想十分满意。他认为,这一体制将减轻辽晶的工作负担,并极大提升了主厂的市场竞争力。

马占一兴高采烈地对旁人说:

"有了街道工厂,我只需月末骑辆摩托车去收管子了!"

› **自上而下的改革蓝图**

辽晶"托拉斯"改革的宏大蓝图并非空穴来风,而是遵循了高层在20世纪60年代提出的试办"托拉斯"的经济构想。

20世纪60年代的"托拉斯"改革,旨在解决计划经济体制带来的困扰。当时,工业企业同时面临从地市到国家多个层级的管理,依行业形成的条条框框也是异常繁杂。一个工业企业往往有多个"婆婆"干预。为了免受过多的行政干预,企业倾向于自行构建一个闭环的产业链条,重复建设。即便一个小型工程,也是面面俱到的"小而全"。

工业交通部门研究了美国通用汽车、英法煤炭工业、瑞士钟表工业和苏联托拉斯的经验,在1964年6月发布了《关于试办工业、交通托拉斯的意见报告（草稿）》。其中主张，"托拉斯"企业从主管部门那里领经济任务，掌握产、供、销活动的权力，自行管理固定资产和流动资金。高层还根据这个报告拟定了12个试办"托拉斯"，分布在烟草、盐业、航运、机械、电力等各行业。

简单来说，"托拉斯"改革的宗旨，就是仿照市场经济下企业发展的规律，初步建立专业、高效、自治的工业企业。

辽晶的"托拉斯"脱胎于工业交通部门的改革大计，具体实践却领先一步。杜良设想的13个附属企业分工明确，自成一体，归辽晶统辖，劳动力、原材料和固定资产这些重大科目的支配权力，从政府部门完全下放给了企业自身。

此外，按照设想，辽晶"托拉斯"体系内的企业，也会独自推出新产品面向市场。这又不局限于"托拉斯"改革强调的分工协作，而是每个主体都具备企业经营的自主权力，成为一个完全的市场主体。

辽晶的改革大计，既遵循了上层"托拉斯"改革的框架，也超前于理论的发展。

当时，经济学家孙冶方针对国有企业的弊病提出，中央应只抓"大权"，即投放资金和收取利润，同时给企业放"小权"。然而，孙冶方所说的"小权"，在时人看来个个不小：

第一，企业有权自行制订生产计划，国家不要给企业下达品种、数量、质量等计划指标；第二，企业有权支配全部折旧基金，自行决定固定资产的维修、更新，甚至有权"自由买卖固定资产"；第三，取消国家统一的物资调拨制度，企业有权自行安排供销关系，自由买卖产品。

辽晶的发展，走在了理论的前面。

不过，辽晶的"托拉斯"改革虽好，但未逢其时。

辽晶、锦州新兴工业建设与改革开放

辽晶在半导体工业的尝试，是20世纪60年代初我国科技产业自主创新的一个缩影。

在那个时代建立半导体工业，相当于从石头缝里蹦出来孙悟空。

苏联在20世纪50年代向中国援建了156项工程，但半导体在其中的比重不大，主要是晶体管出现之前的电子真空管项目。我国在50年代末注意到半导体的潜力，很早就将其列为重要且紧急的领域，在全国范围内掀起了一波半导体浪潮。

但是，自诞生之日起，我国半导体产业便面临严重的设备短缺问题，且技术知识极为匮乏。所以，我国工程师几乎是在半导体产业的孤岛上独自建立了一座大厦。没有设备，则手工打造；没有经验，就耗费人力去试。经过艰苦卓绝的努力，半导体工业在全国范围内逐渐建立，我国完成了从无到有的关键一步。

接下来从有到优的过程中，我国半导体工业遇到了难以克服的时代困局。

其实，电子工业的顶层设计者王诤[①]很早就意识到，电子整机工业是

---

① 王诤曾任原第四机械工业部部长。

半导体工业发展的前提，只有下游充分带动，给上游的半导体不断提需求，半导体工业才能保持进步。因此，早在20世纪60年代初，电子工业部门在军队无线电设备换装中极力促进半导体化，并推动军用半导体向收音机等民用电子产品转化。

可惜的是，缺乏良好的国际环境，我国在20世纪60年代无法像日本和韩国那样抓住全球化分工带来的机遇。

在计划经济体制的背景下，我国半导体工业陷入了一个"低端循环"的陷阱。自20世纪60年代中后期，半导体产品处于供不应求的状态，工厂能够取得较高的利润，也就缺乏动力更新设备、改进工艺。更不用说，计划经济体制下的财务管理制度，倡导半导体工业因陋就简，这与同一时期西方企业的机械化、自动化趋势背道而驰。

辽晶，以及锦州新兴工业建设，无疑为解决计划经济体制下企业的疑难杂症提供了思路。杜良等人充分发挥地方的积极性，广泛学习全国工业体系的先进经验，与科研组织联合研发，实现自动化生产，将财务、研发权力下放给一线，鼓励员工大胆创新，开创新的半导体产品，最终形成一个门类齐全、分工专业的半导体"托拉斯"。

如此的改革勇气，正是20世纪60年代东北之于改革开放的历史意义。某种意义上可以说，60年代前期东北的经济体制改革，为改革开放蹚出了具有实践意义的一步。

无论20世纪70年代末安徽开始的联产承包责任制、贯穿80年代的国有工业企业管理革新，还是90年代轰轰烈烈的国企改革，其背后都有东北60年代经济体制改革的影子。

东北在20世纪60年代的经济体制改革,培养了一批具有改革精神的灵魂人物。

专题讨论:以人为镜

朱旭东[①]

唐贞观十七年(643年),敢于犯颜直谏的魏徵去世了,唐太宗李世民流着眼泪说:"夫以铜为镜,可以正衣冠;以古为镜,可以知兴替;以人为镜,可以明得失。朕常保此三镜,以防己过。今魏徵殂逝,遂亡一镜矣!"

在中国大力发展集成电路产业的时代背景下,健楷在翔实采访、阅尽史料后,推出了《中国芯片往事》,向我们生动地展示了中国发展集成电路产业决策和起步的过程,值得集成电路产业的从业者以及政府相关决策者仔细品读。

台湾地区为适应经济转型的需要,自20世纪70年代开始筹划发展集成电路产业。自李国鼎1976年决定从美国引进CMOS芯片生产线开始,迄今46年;自张忠谋1985年回台湾负责"工业技术研究院"开始,迄今37年。台湾利用这46年,几乎从零起步,交出了一份令世人艳羡的答卷:在集成电路产业三大构成中,设计业具有全球影响力,芯片制造

---

① 上海浦东科技投资有限公司创始合伙人、董事长兼总裁。

业冠盖全球,封装测试业全球领先。2020年,台湾集成电路产业总规模1095亿美元,净出口601亿美元,成为台湾经济转型和发展的发动机。从挑毛病的角度看,台湾只有集成电路装备材料产业暂无出色的成就。但是,台湾作为一个特别关税区融入全球,在集成电路装备材料方面的短板没有影响其集成电路产业的上游供应链,也没有影响其集成电路产业的发展。

在发展集成电路产业这个主题上,台湾是大陆的一面镜子。在现代社会,人有自然人、法人,地区也可以拟人化,把台湾作为镜子,就是以人为镜。

大陆与集成电路产业的渊源回溯起来比较复杂。我把管理部门重视、社会共识、对外开放和市场经济体制这四大基础要素,作为照镜子的基准点。我个人认为,2000年张汝京博士回大陆创办中芯国际,大体类似张忠谋1985年回台湾负责"工业技术研究院",可以作为照镜子的起点。

在照镜子的语境下,台湾用了37年,取得了如今的成就。大陆用了22年,与台湾对照,是一个什么样的成绩呢?客观的比较应该有两个维度:一是把大陆今天的产业成就与台湾15年前的产业成就比;二是把大陆15年后可能取得的产业成就与台湾今天的产业成就比。

大陆今天的集成电路产业成就,与台湾15年前比,应该说差强人意。在产业规模方面,大陆达到约9000亿元,台湾15年前是523亿美元(约3800亿元),大陆强于台湾;在产业技术水平方面,大陆与世界最前沿技术水平相差2~3代,台湾15年前基本跟上了世界最前沿的技术水平,大陆不如台湾;在装备材料对集成电路产业的支撑性方面,大陆今天与台湾15年前大体相仿。

重点是要展望一下，15年之后，大陆的集成电路产业的发展水平，与台湾的今天相比，会是一个什么样子。我相信，在产业规模及装备材料对集成电路产业的支撑上，大陆超过甚至远远超过台湾，应该不会有大问题。唯独没有把握的是在产业技术水平方面，大陆能否像台湾今天一样，居于全球领先地位。鉴于集成电路产业属于技术、资本双密集的产业，如果技术水平不能赶超，就很难说大陆的集成电路产业取得了成功，超过了台湾的成就。

问题究竟出在什么地方？

对照大陆与台湾，发展集成电路产业的基础因素，双方都具备了。例如：发展集成电路产业的支持设施，台湾有"工业技术研究院"，大陆有众多的以集成电路为主业的高校院所；台湾有新竹园区，大陆有众多的高新技术产业园区；台湾有科技企业股票的柜台交易市场，大陆有科创板和创业板；台湾和大陆都有支持集成电路产业发展的产业基金及地方政府设立的众多投资基金。

这个问题可以进一步引申为：

发展集成电路产业的驱动要素，大陆和台湾相比，到底缺什么？

缺资金、缺市场、缺技术！事实上，只要对大陆集成电路产业做过一定程度研究的人，都不会认同。

把台湾作为一面镜子，去照一下，就不难发现大陆的短板所在。我认为，大陆发展集成电路产业的短板主要在两个方面，一是宏观规划执行力不足，二是核心产业人才的短缺。

关于宏观规划执行力，台湾以芯片代工起步来发展集成电路产业。台湾规划的代工对象是西方的主流半导体设计公司。这样，西方半导体设计公司在市场上跑得越快，台湾的代工产业就跑得越快，就像火车头带着车厢跑。规划执行的这种精准度，是大陆不及的。

这样就引出对第二个短板的提问：如何获得与培养集成电路产业核心人才？古有明训，"千军易得，一将难求"。再加一句，"众将云集，无帅难胜"。纵观全球集成电路产业态势，竞争的残酷性不亚于战争。发展集成电路产业所需的帅才和将才，就是发展集成电路产业的核心人才。台湾自张忠谋以后，一大批帅才、将才顺势出头，极大地推动了台湾集成电路产业的发展。与此对照，自张汝京到大陆创办中芯国际22年以来，大陆集成电路产业领域的核心人才断档明显。

以台湾为镜，采取足够有力的措施弥补以上两个短板，是大陆集成电路产业发展的"牛鼻子"，是让大陆集成电路产业赶超世界先进水平的不二法门。

第二部分

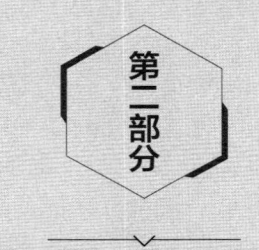

山城造芯往事

动荡时期的半导体工厂

三线建设的历史转折

1964年4月，总参作战部向中央提了一份报告，对经济建设如何防备敌人突袭进行了分析。

那时，中苏交恶，苏联在蒙古边境陈兵百万，越南战争呈逐渐扩大之势，中日邦交尚未恢复，国际形势非常严峻，加强国防纵深建设成为第一重要的事。

当时，全国14个百万人口以上的大城市，多数分布在沿海地区，人口过于集中。而这些大城市又集中了六成民用机械企业和五成国防企业，工厂过于集中。

经济建设要服务于"加强国防纵深建设"，工业企业要从沿海的一线搬到大西南内陆的三线。

中央一声令下，三线建设快速打响。最高指示有两条：一是"大分散、小集中"；二是"依山傍水扎大营"，因为西南地区本来多丘陵山地，用以种植粮食的平原地区分布着大量农田，工业企业占了农地，容易导致粮食减产，也容易使工业据点被敌机侦察攻击。

后来，有人又提议"工业企业进山洞"。云贵川等地分布着许多溶洞，幽暗隐蔽，常备性军事企业藏在那种地方再好不过了。这条指示在许多部门被忠实执行。

在迁往大西南的成百上千个具有神秘数字代号的产业大军中，上海成为绝对的人才输出地。为建设四川仪器仪表总厂，第一机械工业部从上海抽调人才前往重庆。

川仪总厂上马芯片项目

› 仪表工业西迁

上海，是中国20世纪60年代的电子工业重镇。那时，大多数电子工业产品经由上海进口，日本的索尼晶体管收音机最先被上海的工厂获得。制造半导体的设备，也需经上海转往各地。自然地，那些上海的国有工厂的研发步子迈得较快，能够快捷地制造出造型时尚又适销对路的电子产品，也总能最先积累利润。

因而，在讲究"全国一盘棋"的工业体系中，上海是当之无愧的领头羊，最早建立了成体系的半导体工业。第四机械工业部想要攻克的很多技术堡垒，都是由上海的国有工厂率先取得突破的。

先进完备的工业体系，使上海成为为三线建设出力最多的城市之一，每个行业的"排头兵"都分别对口援建西南的一个大型项目。从上海抽调的仪器仪表人才组成了一支拖家带口的庞大队伍，他们拿着第一机械工业部发的报到证，在不知道具体地址的情况下，来到用43为代号的信箱收发邮件的四川仪器仪表总厂（简称"川仪总厂"）。

在重庆市承接的诸多重大工程中，川仪总厂是工业门类最为齐全、建制最为完备的。仪器仪表百业皆需，用途广泛：打仗要用望远镜，造汽车要用温度传感器，烧锅炉要用测压仪……第一机械工业部倾全国之力，从上海、南京、西安等地搬迁来特种材料、光学仪器、化学材料等30多个工厂。它们散落在山城北碚区嘉陵江边的山坡和山洞里，组成了员工总数3万有余的集团。川仪总厂与西安仪表厂、上海仪表厂并列，成为全国规模最大的三大仪器仪表集团之一。

川仪总厂——一个巨无霸似的三线建设工程，就像一座城市的巨型工业城堡。

这个城堡吸引了全国最优秀的人才。在每年的中央计划会上，川仪总厂享有优先挑选人才的权利，一批批来自国内顶尖理工高校的学生，流向嘉陵江边星罗棋布的工厂。从全国各地而来的优秀工程师、医生和教师，在川仪总厂扎下根。

这个城堡向全国供应工业品。在严格的质量管理体系下，川仪总厂的仪器仪表一直是全国的紧俏货。从车间出来的仪器仪表，每天沿着湍急的长江河道和西南的盘山公路运往全国，由此产生的经济利益足以支撑起一座城市。

› 建立芯片配套工厂

川仪总厂厂长马珍很早就敏锐地察觉到，厂里生产的仪器仪表离不开半导体这种新兴的高科技产品。马珍，1939年参加革命，新中国成立后长期从事供销工作，在西安仪表厂干了8年。他注意到，在第一机械工业部春、秋两季举办的订货会上，各家工厂都为紧缺的半导体货源抢破了头。他认为，与其受制于人，不如自己建一个厂。

川仪总厂派上海机械学院的毕业生陈惠荣[①]与第一机械工业部交流。

---

① 陈惠荣高中就读于复旦中学，在上海机械学院就读期间曾在上海元件五厂实习，毕业后分配到川仪总厂，先后担任川仪六厂生产科科长、副厂长。

部里也赞成设厂，因此给了相应的大学生分配名额。得到部里的支持后，川仪总厂在嘉陵江边勘探选址，最终定在北碚的中心区域水土镇。因四川半导体器件厂在众厂之中排名第六，故又称"川仪六厂"。

有了部委的支持，也有了建厂的地方，川仪总厂着手寻找设备和材料。

建半导体工厂类似一个冒险游戏，只有集齐七颗龙珠，具备了所有条件，才能召唤出神龙，顺利产出半导体产品并销往市场。川仪总厂要建的是一个从生产到销售全流程都覆盖的厂，各环节都不可或缺。

身处消息闭塞的山城，川仪总厂很难获知市场上有哪些供应商，好在中国科学院旗下的一个半导体研究情报所为其提供了参考。该所相当于全国半导体工业的信息交换枢纽，川仪总厂的负责人频繁打电话，拿着情报所给的供应链地图在各地飞来飞去，了解设备和材料的情况，如某厂有货，马上敲定合同，不会迟疑。

经过大约一年时间，川仪六厂初具一个半导体工厂的模样。

该厂的光刻机由上海微电子研究所供应。

该厂的硅单晶原材料由乐山市上的一个材料研究所供应。此前，成都的970厂同样遇到原材料供应难题。恰好峨眉山氧化硅资源丰富，早先在那里设立了一个研究所。于是，970厂把该所纳入供应链之中。川仪六厂恰好位于重庆，距离不远，便向该所寻求支援。

此外，比较困难的就是外延炉了。这种设备生产难度颇高，需要从日本进口。时值第四机械工业部从日本引进四套设备，第一机械工业部请求为三线建设匀出一台。

集齐了所有关键设备和材料，川仪六厂在1967年开始投产。

没过多长时间，川仪总厂就发现，川仪六厂光有设备远远不够，还缺一样最重要的东西——人才。

川仪六厂初露峥嵘

› 辽晶工程师南下

1969年，川仪总厂受到冲击。许传江和他在辽晶的同事穿过一片写满标语的报纸，绕过一群群大声叫喊的年轻人，来到川仪六厂报到。

1964年，许传江毕业于四川大学半导体专业。刚入学的时候，他攻读核物理专业。1962年秋天，他在校门口突然昏厥。休养了一年后，他转到另外一个专业——半导体。

毕业分配时，许传江被分配到锦州的辽晶。学校一宣布分配单位，他立马带着报到证，卷起铺盖，直接买了一张到沈阳的硬座车票。辗转来到锦州后，他发现辽晶虽比不上大城市的研究所，但在辽宁省内却是不折不扣的第一。不到一年时间，因工作优异，他迅速升为实验室主任。

在新建的川仪六厂急需人才之际，包括许传江在内的47个经验丰富的半导体人才被调到川仪六厂。

一天，厂长杨继元把许传江叫到办公室。杨继元在新中国成立后跟随部队南下，原是川仪总厂供应处的负责人，后转到六厂担任厂长。他对许传江说：

"传江，虽然担着工艺组组长的职务，但你实际上是总工程师的角色了，要大胆地工作！"

> **跑市场打开销路**

对川仪六厂来说，要想生存下去，只能出去找市场。

以许传江为代表的"辽晶集团"的加入，为川仪六厂输入了新鲜血液。厂长制定了工程师即销售的策略，试图在全国范围内打开销路。许传江奔波于各种电话会、计划会和订货会，为潜在客户展示目录，讲解川仪六厂的产品。

全国订货会是最重要也是最高效的销售场合。在租下的一个学校的大礼堂中，举办方摆上数百张课桌，上面横放着来自全国厂商的样品。川仪六厂的工程师坐在桌后，需求方相中了产品便与他们商谈。双方议定产品卖价和交货期，当即签订合同。几天下来，几乎大半供需可以敲定，速度极快。

在半导体极为紧缺的卖方市场上，国有工厂的产品几乎不愁销路，这让很多厂商养成了习惯，等着客户上门。

但是，川仪六厂意识到自己离客户还是远了些，工程师需要多出差，以弥补市场信息的不足。1971年，许传江带着本厂的两位年轻工程师经由川黔铁路到达贵阳。一下车，他们就直奔贵州省机械厅。对方仔细翻看川仪六厂的产品目录，和贵州省内各厂汇总上来的需求一一对照，以决定到底订什么货[①]。

[①] 20世纪60年代，西南地区先后完成了川黔铁路、成昆铁路和攀钢等大型工程，完善的路网和重工业为西南工业的发展做出了重大贡献。

只拿着一本产品目录是远远不够的，出去推销产品，归根结底要"多兵种"作战。

同样位于重庆的716厂是川仪六厂的大客户。许传江每次拜访该厂，必带上一位做工艺的同事、一位懂电子线路的同事。判断到底能否接单，要当场研究无线电工厂设计的线路方案，确定能做后，就是谈工艺质量方面的问题了。工艺和线路双管齐下，川仪六厂的工程师白天忙推销，晚上忙研发，很快打开了产品的销路。

> 质量硬，成为军工名厂

随着"辽晶集团"在北碚生根，川仪六厂迅速提升了自己的技术能力。

"东方红"卫星上天，需要一个存储器把《东方红》这首歌和遥控遥测信号存起来，难度颇大。负责该项研究的成都电讯学院[①]教授走访了许多军工企业，都不甚满意，最终在川仪六厂——一个几乎没怎么听过名字的边缘企业——找到了中意之物。他说：

"我们不管你们是哪个部的，只要有好东西，我们就买。"

川仪六厂一炮打响，他们制作高质量半导体产品的能力在军工航天体系传播开来。

之后，当时负责航天工业的第七机械工业部[②]也与川仪六厂建立了合作关系。

[①] 1988年更名为电子科技大学。
[②] 国务院原有组成部门，已撤销。

在完成第七机械工业部的一次任务后,许传江去西昌卫星发射中心参加会议。在那里,他第一次见到发射厂、塔台控制室和液氮站,也第一次知道自己生产出来的产品与国家的命运紧密相连。

不过,此时全球的半导体产业正在悄然发生变化。日本的企业正在急速推进半导体在消费电子等民用市场的应用,它们在国际市场上对美国半导体企业形成的挑战日渐彰显。在这种情势下,中国迎来了一次罕见的发展机遇。

菲尼克斯 3 微米芯片生产线引进工程

美国"烂尾"芯片工程的中国机会

› 20 世纪 80 年代的技术引进潮流

1984 年初,川仪六厂的工程师们经常在茶余饭后兴致勃勃地讨论全球大势,他们谈论的焦点是我国应该如何发展半导体产业。

值得庆幸的是,我国没有步苏联的后尘。苏联的第一台计算机装了 2000 个真空电子管,从那之后,苏联在这条路上越走越远,彻底偏离了电子工业的主流技术方向。

虽说我国走对了路,可当时川仪六厂建立快 20 年了,只能生产一些二极管、三极管,还有容量 1KB 的存储器,以及集成了几百个晶体管的芯片。这些半导体产品结构相对简单,而美国的产品可以在半个指甲盖大的地方塞进3万个晶体管。

当时，无锡742厂从日本引进的项目正如火如荼展开，在全国范围内掀起了一波又一波芯片热。

川仪六厂没有引进项目，不单工程师们焦心，川仪总厂厂长孙同川也为此感到焦虑。

一个偶然的机会，孙同川发现了川仪六厂的潜在机遇。有一次，他与美国的商业贸易团谈判，对方在席间提到美国最近流行"大炼芯片"，凤凰城有个房地产财团找了干练的人马，弄来成套的设备，但项目没做起来，正在出售设备。

经过层层审批，川仪六厂接到任务书：

"投资3000万元人民币，从美国引进3微米CMOS芯片工艺生产线。"

接下任务书，川仪六厂委任总工程师许传江为技术组长。许传江一行37位工程师来到北京，在机械工业部[①]位于海淀区的甘家口招待所住下，开始为期半个月的培训。

美国总统说过，"集成电路产业的健康与活力关系到美国未来的竞争力"，我国已经知道美方对我们在计算机和集成电路产业上的保密态度。因此，部里的领导对许传江和他的同事格外强调，严格按照合同办事，美国之行的主要任务就是把那条二手生产线买回来。

在一种紧张而兴奋的心情下，川仪六厂的工程师们开始了美国之旅。

---

① 1982年，第一机械工业部与农机部、国家仪器仪表工业总局、国家机械成套设备总局等合并组建机械工业部。

凤凰城奇遇记

› 省外汇引发的趣事

川仪六厂的引进项目所在地是美国亚利桑那州首府凤凰城。印第安语将这里称为"炎热之地"。

当地最大财团所拥有的一个芯片工厂，因经营不善而破产。美国之行要引进的项目，正是从这家破产的工厂接手旧设备。不同于当时众多买设备却连"使用说明书"都没有的项目，对方答应教会中方团队如何使用设备制造芯片。

对于早已摩拳擦掌却一直没有学习机会的川仪六厂来说，这是一个技术跃进的好机会。

许传江和其他工程师在郊外的汽车旅馆住下来，发现在国外的日子并不好过。原计划每个人一天的住宿费32美元，饭费22美元，还有交通费、办公费。现在，一个人总共只有16美元。工程师们两个人住在一个房间，每天上午和晚上吃方便面、面包，中午去一家华人餐厅享口福，花4美元吃一顿有鸡肉的自助餐。

美国之行的时间格外紧张，只有3个月，因此工程师们周末也在旅馆里加班。

省钱，尤其省外汇，对那个时候的中国人来说是一件重要的事。外汇额度积少成多，便可以汇聚成一大笔钱，买下一台珍贵的设备。但是，凤凰城郊外的治安状况很糟，似乎跟他们开了一个玩笑。

一个周末，许传江加完班，叫上组里的年轻人和翻译去买方便面。几人出了旅馆，走过一条马路，穿过零零星星的住户，走了好一会儿，终于到了超市。几人买完方便面，天已经黑了，正走着，一辆货车往路中间一横，挡住去路。几个青年下了车，冲上来大声叫嚷，咬牙切齿，要对他们动手动脚。

许传江望着翻译，想弄清楚怎么回事，只见翻译也汗流浃背。双方僵持许久，翻译终于明白过来，对许传江讲："这些人说我们是日本人，抢了他们的饭碗，要和我们打架。"许传江顿时松了一口气。翻译向那几个生猛的青年解释一番，他们马上换了脸色，双方握手言和。

回到旅馆，众人把心放了下来，各自忙碌。到了晚上，一个老人闯进一位工程师的屋里，看起来是喝多了，满脸通红，躺在床上叽里咕噜，不知道在说什么。工程师们没有学习过英语，一个陌生老人莫名其妙地出现，不能不让人感到紧张。那位工程师不敢去找领导，便跑去许传江屋里汇报此事。

许传江急忙放下手头的工作，叫上翻译去了解情况。双方交流了一段时间，翻译对大家说："这个老人是从旁边的州过来的，观察我们好久了，知道我们是友好的中国人，不是日本人。他就是口渴，想跟我们要一瓶可乐。"众人大笑起来，才放下了悬着的心。

› 验收离子注入机遇难题

由于要在3个月内按照出厂标准验收200多台设备，大家的工作节奏变得异常紧张，许传江每日忙着做实验，遇到问题便向美方工程师请教，小本子上记得密密麻麻。但是，语言不通还是为工作带来了一些麻烦。

在所有的设备里,最重要的一台,不是现在人们最为看重的光刻机,而是离子注入机。

在3微米工艺的时代,对于光刻的要求还没那么高,最影响芯片生产良品率的,是离子注入的过程。在完成光刻和刻蚀的步骤后,工程师操作离子注入机,70万伏的电压在超高真空环境中以光速运动,把磷、硼等离子精准地"文"在硅片上。离子注入机究竟能否打入离子,是否打入了足够的离子,离子打得有多深……只有这一系列数据达到标准,离子注入机才算达到出厂标准。

验收之初,许传江注意到离子注入机有个关键的电气指标没有达到标准,与美方工程师交涉。对方认为许传江不懂英语,难以拿出证据,说:"你们就是不懂。"许传江左思右想,不能回怼,马马虎虎通过验收更难辞其咎。于是,他带了一位翻译和一位电气工程师,前往当地图书馆搜寻英文资料,寻找证据。

›赢得美方尊重

许传江拿着从图书馆得到的资料,赢得了与美方工程师的辩论,对方没有再多说什么,直接找设备厂家维修。在工厂里,美方工程师开始喜欢上这些中国人,因为他们对工作非常认真,做实验从不马虎,总是笑呵呵的。

在所有的美国工程师里,一个印第安人工程师对中国人是最为友好的,他甚至把经常一起工作的许传江当成诉说知心话的朋友。

从这位工程师口中,许传江了解到为什么遇到的美国人对自己这么好。不仅是芯片,美国的汽车业也在面临日本的冲击,工程师们在失业。工厂每况愈下，被裁掉的员工逐渐增多，他们认为是因为日本人造成了这种局面，而中国人是来帮助他们的。

经过3个月的忙碌，验收即将完毕，大家总算可以松一口气。一个周末，当地财团的大老板邀请中方工程师观看全美橄榄球联赛。

工程师们乘着一辆大巴车来到体育馆，马上被馆内的场景震撼到了。全美橄榄球联赛是这个国家最为鼎盛的赛事之一，观众的欢呼声直上云霄。直升机上挂着长长的横幅在天上飞来飞去，一些挂着证件的记者坐在飞机上，似乎在激动地解说着这场比赛。

因是临时安排，赛事组织方在走廊里加了几十个座位。工程师们坐定，看到一群人抱着橄榄球到处跑。他们虽然看不懂，仍然被前面高声呼喊的美国人点燃了情绪，非常兴奋。

一些记者眼尖地注意到赛场外多出一排略显沉默的中国人。美国记者迅速抓住了赛事间隙最大的新闻卖点。于是，LED屏幕上打出来一行英文：

"热烈欢迎中国代表团观看全美橄榄球联赛！"

一时间，全场的美国人起立，朝着坐在后排的中国人鼓掌。掌声响彻体育馆，这场赛事因中国人的到来达到高潮。

全美橄榄球联赛为川仪六厂工程师的赴美之旅做了漂亮的总结。这时的许传江没料到，在设备即将启程回国的时候，发生了一场不小的灾难。

嘉陵江边攻坚

› 机器爆炸了！

"嘭"的一声,机器爆炸了,剧毒的磷蒸气向四周发起迅猛的攻击。许传江听到那一声响,双手一抖,只觉得有人在身边引爆了一颗炸弹,感觉要被炸成肉泥。

离美之前,许传江与美方工程师在操作室,把离子注入机调到停机状态。

停机是一项复杂的操作,需要将空气全部抽出来,以使机器处于真空状态。为达到这个状态,首先使用机械泵抽一遍空气,再用扩散泵把油加温,使其蒸发去吸附空气分子,遇水冷凝后质量变重落下来,空气就被排出了。

但是,美国工程师在这次操作中急于加速冷却的过程,冷水快速流进扩散泵,遇到滚烫的泵体,发生了爆炸。许传江下意识地冲出自动打开的紧急门,那个美国工程师也跟着跑了出来。

直到确认安全,众人才缓过神来。离子注入机的机身挡在扩散泵的前面,泵体爆炸的时候,冲击波打在另一面墙上,对面操作台上的工作人员并无大碍。

接下来,美方马上封闭现场,切断电源,把磷蒸气抽走。经过认真检修,离子注入机竟无大碍,许传江悬着的心才放了下来。

经历一场虚惊,在快要离开凤凰城的那一刻,他反而明白了美国科技的强大之处：离子注入机的设计非常精妙，出了这么大的事故依然完好无损；恒温环境下元素的扩散工艺先进，相比起来，国内当时还是烧结工艺，温度偏差过大，导致生产线的工作人员必须不厌其烦地做实验，直到做出良品为止。

› 对抗"芯片杀手"

离开美国之后，挑战才刚刚开始。

许传江带着工程师们回到重庆，紧锣密鼓地筹备芯片工厂的建设。根据与美方的合同约定，只有工厂盖好后，生产环境达标了，美国人才会来重庆帮助安装设备。

在嘉陵江边的大片荒地上，川仪六厂建了一座没有窗户的密闭工厂，以装下价值千金的引进设备。许传江从川仪六厂老厂带来数十位工程师和维修车间的工人，组成了一个专门的引进车间，开始攻坚。

对于生产先进制程的芯片来说，彻底进行工艺改造才能保证设备启动，生产正常进行，良品率有保证。

要正常运作从凤凰城引进的芯片生产线，要满足几个条件：首先是将水去离子化，只有电阻率达到一定标准并且纯度为99.99%的水，才不会影响重要工序的清洗工作。其次是需要纯度为99.99%的硫酸、盐酸、硝酸，三种强酸把光刻后芯片表面的杂质腐蚀掉，生产环境中不能有杂质。最后是要提供高纯度的气体，硅片需用离子注入机注入氧、氮、氢等离子，只有纯度仍然为99.99%的气体，才能保证注入的不是杂质。

高纯度的水、酸和气体，都是为了对抗芯片生产最大的"敌人"——杂质。人们平时一挥手，就会产生数万个0.3微米以下的微尘，这些微尘人眼看不见，却是致命的"芯片杀手"：

一粒微尘落到芯片上，就像一条城市干道突然被堵死，光刻的图形会改变，芯片会短路。这样的芯片被生产出来，便是残次品或废品。因此，在川仪六厂的光刻机房间里，空气被过滤到一立方米只有三个0.3微米以下微尘的程度，有操作权限的工人才能进去。

› **工艺改造工程**

许传江开始带领引进车间的年轻工程师与工人，逐个攻破工艺改造过程中的三大难题——水、酸、气。

去离子水的问题最好解决。水的净化工序分为三步：用活性炭过滤，这一步厂里就可以做到；用离子交换树脂净化，需要购买专门的设备。当时国内只能做到这两步，经过这两步产出的去离子水纯度只有99%。最后还有反渗透这一步。为此，厂里从美国引进了专门设备。

对于酸的问题，川仪六厂早有工艺积累。

当时，国内的工厂大多用甲苯、丙酮清洗芯片，对人体伤害很大。1969年，刚到重庆时，许传江用该法清洗芯片，每次做完回到家里便躺在床上，浑身无力，即便通风，也没有任何缓解。

许传江力推新工艺，改用酸清洗芯片，这体现了川仪六厂的先见之明：在任何时候，都紧抓新工艺。许传江把大量研发经费拨给手下的数十名技术员。每天，许传江不是坐在办公室里，而是在生产线上与技术员一起做实验，新工艺一出，马上使用。

虽然有用酸工艺的积累，但引进的生产线要求99.99%纯度的酸。许传江天南地北地询问，最后发现国内只有两家工厂能够满足川仪六厂

• 059

的需求，一个是上海化工研究所，一个是北京化工厂。为从两地运来纯酸，川仪六厂专门向国家申请了一批运输危险化学用品的车辆。

水和酸的问题解决了，剩下的问题便是气。

气也是有的，但还存在一个问题——纯度不够。20世纪70年代初，为了替代棉花、节约用地，中央批准在重庆设立了四川维尼纶厂，该厂的附属产品，便是芯片工厂所需的氮气、氧气和氢气。将温度降低后，该厂产出的氮气变成液体，纯度提高到99%，但依然不能满足川仪六厂的需求。

怎么提纯呢？这成了一个大问题。去离子水的设备引进价格不高，气体提纯相对于去离子水而言要复杂得多，设备也贵得多。

许传江来到厂内的情报资料室。在堆得与人一样高的资料和档案卡片里，他发现石家庄的一个研究所研发了一种气体提纯设备，用一种催化剂吸附氮气中的氧气，从而解决了氮气中氧气杂质的问题。他给该所总工程师打电话，并邀请对方到重庆来，给引进车间的工作人员做关于气体提纯的演讲和辅导。安装了提纯设备后，气体问题最终得到解决。

三大难关先后攻克，工艺改造完成。许传江被评为川仪总厂劳动模范，厂里给引进车间发了一笔人均40多元的奖金。

自主造芯

› 打赢美国官司

1985年，到了引进合同约定的美国人来重庆安装设备的时间。工艺已经改造好了，万事俱备，只欠东风。

但是，设备安装的复杂性超出了想象。厂长告诉许传江，美国人不来了，爽约了。许传江本来十分紧张，生怕美国人来了指指点点。听到美国人不来的消息，许传江如释重负。他想：

是不是可以自己搞了？

美国人爽约，是因为钱不够。当初美方急于甩卖资产，除了设备合同，双方还签订了100万美元的安装合同，我方也只有这个数字的安装预算。但是，美方在快要履行合同的时候才发现，卖出去的200多台设备由不同国家的厂商生产，需由多国专家团队来中国才能完成安装，而100万美元连差旅费用都不够，这明显是一笔亏钱的买卖。于是，美方撕毁协议。

中方在美国聘请了律师团队，将对方告上美国法院，这场官司由此成为当年中美法庭交锋的三大案件之一。川仪总厂厂长孙同川带领一个法务小组奔赴美国处理此事，官司打了半年，美方败诉。按照合同约定，美方应赔偿100万美元，但机械工业部决定放弃美方应付的赔款金。《人民日报》花了一个版面报道这个消息。

› 学会安装设备

官司了结，设备还得安装。厂长通过部里的关系了解到，荣毅仁在中国香港以华润为主体创办了一家芯片工厂，电子工业部和航天工业部亦有入股。川仪六厂请该厂的技术骨干前来安装测试，同时派出一路人马，拿着美国人给的一套电话机芯片光刻板，到香港学习如何设计。

只请来一个帮手，还远远不够。

在所有设备中，光刻机与离子注入机是最为关键的两个设备。许传江从清华大学请来四位教授协助研究光刻机和之后的芯片设计。教授们来到重庆，看到3微米工艺的光刻机，非常高兴。对他们来说，这也是极好的学习机会。

同样兴奋的，还有许传江联系的电子工业部下属的一个研究所。该所乌泱泱来的一大群人，看到最先进的离子注入机，不禁发出了感慨：原来这么大！商量过后，研究所的一位主任带着八个人留了下来。开机是一个高难度的工作，许传江组织厂内的工程师教授在美国学到的知识，这八个人每日听得聚精会神，难掩兴奋之情，因为他们知道，学会了才能开机。

就此，许传江同时领导着三个团队，快马加鞭，在半年内装好了生产线。此时，川仪六厂的工程师也从香港学成归来，可以开始投产了。

› **成功造出芯片**

许传江率领团队和清华大学的四位教授通宵达旦拆解美国人随设备附赠的电话机芯片，将芯片的每个电路都翻了个底朝天。

吃透芯片原理后，他们用从国外买来的各种材料做实验。原先的芯片用玻璃作为保护层，虽防潮，但易被腐蚀。于是，许传江把眼光瞄向了氮化硅，这种材料比二氧化硅的分子密度更高，防潮、防腐蚀，经久耐用。

另外，良品率有赖于生产环境的超高纯度。

新生产线沿用川仪总厂的全面质量管理方法，将质检前置在生产环节，无论大会、小会，都会专门抽时间研究质量问题。工厂每天安排工人专门检查水和气体原料的纯度。灰尘也是生产的死敌，工人们会检查每个角落的灰尘。进车间的时候，工人先换一套衣服，然后进入第一道门"风浴"，接着换另一套衣服进第二道门，之后再换一套衣服，才能进入车间。

历经7个月的时间，川仪总厂引进的3微米生产线生产出第一批电话机芯片，良品率超过60%，在众多没有投产，甚至良品率不及30%的引进生产线中，这是一个令人惊叹的数字。

新工艺，高良品率，川仪六厂的引进工程打了一个漂亮仗。在北碚体育场召开的科技成果表彰大会上，许传江在几百人面前接过了一等奖。

芯片为何能落地生根

› 川仪六厂的工程师文化

川仪六厂具有兼容并蓄的企业文化，这是由务实开放的工程师文化塑造而来的。

当辽晶的工程师们来到川仪六厂的时候，他们面临的是一个缺乏根基、体系残缺的芯片工厂。川仪六厂长于制造工艺，但几乎没有芯片设计人才——他们负责在纸上画光刻版图。

简单来说，芯片设计就是在一个小小的世界构造一个独立城市，这个城市越是功能完善、精巧复杂，越能满足多样的需求。因而，芯片设计这一职业同样要求优秀的人才。不过，川仪六厂作为一个部属工厂的配套厂，无法吸引足够多的优秀人才。毕竟，对国家和大学生来说，最重要的是"专业对口"。

为解决这一问题，川仪六厂与成都电讯学院合作。该校几位电子领域的教授全国闻名，理论水平高，设计能力也强，却苦于没有动手实践的机会。川仪六厂麻雀虽小，却五脏俱全，是教授们的天然实验室。双方的需求彼此契合，成都电讯学院的教授便常来授课，学生也常来实习，川仪六厂不至于闭门造车，人才也有了来源。

除了与高校的合作，川仪六厂在行业交流中也是一个活跃的参与者。全国半导体行业每年由各个厂轮流主持同业评比和技术交流会，许传江曾多次担任主持人。

了解了行业动态，川仪六厂便派人去标杆单位学习。20世纪70年代，许传江曾带人到业内标杆上海元件五厂学习，该厂给来访的重庆客人安排了足足一个月的"实习时间"。许传江跟着元件五厂的工程师上班，一边操作一边听对方讲解。许传江感觉带自己的师傅全然不保密，"把心肝都掏出来了"。他们这样做，只为了让重庆的同行能学会、学好技术。

与常规的行业交流同步，工业体系内建立了一张庞大而严密的技术交流网络。每个国有工厂都有一个情报资料室，为同行建卡、存档，并主办一个期刊，定期寄往同行手中。

因此，在一个国有工厂的情报资料室内，任何技术人员都能依照卡片和档案了解每家工厂的特点与优势，同时在期刊杂志上了解同行的技术研究进展，好决定向哪家学习什么技术。

许传江养成了收集情报的习惯，业内各家工厂和研究所的特点像自带各种标签的网络，刻在了他的脑海里。当遇到难以解决的技术问题时，这个网络就从他脑中浮现出来。

20世纪80年代，川仪六厂行动迅速，引进国外生产线，先是在半年内解决了工艺改造的问题，在设备安装遇阻后，又仅花一年的时间实现高良品率的投产，这种速度在当时可以用闪电来形容。如此战绩，当然得益于训练有素的工程师与工人队伍，但更为重要的，是国家工业体系在其中发挥了很大的作用。

国有工厂编织的学习网络，天生是为高强度学习技术准备的。正是依靠这张网络，我国在30年间建立了遍布全国、门类齐全、具有纵深人才梯队的工业体系。

▷ 克服市场困境

时移势易，当凤凰城的3微米芯片生产线在嘉陵江边运行起来时，厂长才发现，他们其实是养了一个必须全天24小时运转的吞金巨兽：每天光是水、酸、气便要花费3万元。

而且，24小时不间断供电是奢侈的特权。

20世纪80年代的重庆电力供应紧张，经常停电，这会导致生产线上多出令人头疼的残次品。为解决这一问题，川仪总厂多次派人去供电局，请求为川仪六厂架设一条电力专线。

除了电，还有气，液氮由四川维尼纶厂生产，需时时派专车运送。有次生产线缺气，催得急，川仪六厂的司机驱车前往，不巧是个初春的雨天，雾极大，行车看不清前路，"哐当"一声，车前突然冒出来一台农用拖拉机，发生了严重事故。

尽管如此，川仪六厂还是克服重重困难，最终批量生产出2000块电话机芯片。当时，只有一部分人用得起拨号电话机，大多数人是用老式的手摇或拨盘电话机。川仪总厂仍然坚持运营这条生产线并积极拓展市场。

数年之后，开发3微米芯片生产线的经验，为川仪六厂迎接通信革命做好了准备。

国有工厂转型与年青一代下海

转型：从彩电芯片到交换机厚膜电路

›川仪六厂的新厂长

川仪六厂正面临着严峻的经营形势。

1985年以后，军方采购订单急剧减少，川仪六厂急需向民用市场转型。吴中方刚上任川仪六厂厂长，压力很大。

在川仪六厂，吴中方是一个传奇人物。他毕业于清华大学，毕业后被分配到川仪总厂，干了10年还只是一个生产科的副科长。直到1978年，川仪总厂领导看他能力强、年纪轻，予以重用。

在一个市场需求剧烈动荡的年代，当一个国有工厂的厂长不容易。吴中方的经营理念是"力争上游"，争取每年有所增长。

› **卖彩电芯片**

当时，全国掀起了一股彩电热，各省纷纷引进生产线，由此带动了对彩电芯片的需求。无锡742厂从日本引进彩电芯片项目，该厂在全国范围内扩散技术，一时间，国内出现数个彩电芯片大厂。

川仪六厂拿到大厂生产的彩电芯片后，很快攻克了技术难关，生产的产品质量很好，却一直未能进入彩电芯片定点厂家名单，只能用重庆片区的名单参加全国展销会。

川仪六厂对芯片质量保持一贯的军用水准，良品率也高，在市场供不应求的情况下，其实不愁找不到销路。716厂此时从军用微波通信设备转产彩电，作为老主顾继续用川仪六厂的芯片。

不同于那些还没有见过市场经济风浪的国有工厂，长虹开始熟练运用供应链管理技巧，不用742厂生产出来的价格高的芯片，用上了韩国三星和川仪六厂的便宜芯片。

正当川仪六厂吃力地开拓彩电芯片市场的时候，一个更有前景的机遇出现了。随着中国通信市场的起飞，一个庞大的国产化供应链呼之欲出。

› **来自邮电部的机遇**

1992年，邮电部[①]下属的重庆515厂引进了一条程控交换机生产线，配套的还有一个厚膜电路项目。一台程控交换机需接入成千上万个电话机用户，厚膜电路可使电容、电阻、芯片等元器件贴装变得简便，也使

---

① 国务院原组成部门，已撤销。

终端小型化，因而迅速得到普及。

川仪六厂经过多方努力，与515厂达成合作。电子工业口原有研究厚膜电路的研究所，但只有样品，学习意义不大。于是，川仪六厂派人前往意大利罗马学习。意大利人对中国非常友善，他们受《马可·波罗游记》的影响，认为中国人勤奋而富有好奇心，因而提供了不少较先进的技术。

凭借从意大利学来的厚膜电路技术，川仪六厂站在了风口上。厚膜电路技术要求低于芯片，以川仪六厂的水平可以轻松驾驭。生产线落地后，最重要的就是拓展市场。

当时，全国最大的厚膜电路客户是上海贝尔，它是20世纪80年代成立的合资通信设备厂，在华为、中兴崛起之前，是国内程控交换机市场的重量级选手，受到国家政策的大力支持。为打开国内市场，上海贝尔要降低成本，在三年内完成包括芯片在内的关键元器件的国产化。

全国很多单位都想和上海贝尔谈合作，但只有川仪六厂厂长吴中方谈成了。当然，上海贝尔对厚膜电路的要求较高，单单防静电包装就比较难满足，制造成本也高。川仪六厂销售科的一个员工为人精细，他注意到上海贝尔将进口交换机的防静电包装扔掉了，建议回收利用，于是这一难题迎刃而解。

本来，吴中方对厚膜电路市场一般客户的预期，也就是50万元的订单。但是，随着市场拓展工作的深入，只要他一露面，便能获得动辄几百万元的订单。看来，厚膜电路对于原有分立器件的替代效果是显著的，市场空间不可估量。

吴中方意识到市场机遇稍纵即逝，川仪六厂掌握的厚膜电路技术，用不了多久就会随着国内供应链的飞速成长而陷入激烈的竞争。但是，国内半导体工艺普遍落后，下游厂商对微型化的厚膜电路还不甚熟悉。因而，吴中方特意从川仪六厂研发部门的年轻人中抽调了一个骨干，也让接手许传江管理芯片生产线的负责人多随销售人员出击。技术人员参与销售工作，可以充分了解产业链下游的需求，并向厂商说明川仪六厂产品的先进性。

›"04机"催熟厚膜电路市场

川仪六厂销售科渐成建制，邮电部"04机"工程正将程控交换机市场迅速催熟。

作为邮电部"八五"计划的重点开发项目，"04机"的性能比当时供不应求的上海贝尔S-1240型万门局用程控交换机还要略胜一筹。大客户上海贝尔受到冲击，川仪六厂自然不好受。

但是，交换机国产化为川仪六厂带来了空前的机遇。

根据邮电部规划测算，适用于"04机"的用户接口厚膜电路TP3219，一块单价4.2美元，需求量从1994年的100万块上升到1995年的250万块。单是川仪六厂原来合作的重庆515厂，1994年对TP3219的需求量就为20万～30万块。

"TP3219"，这是一个价值近亿元的即将爆发的市场，国内却没有一家厂商能够实际供应产品。川仪六厂当仁不让，采用4英寸工艺技术快速形成SMT自动贴片和测试产能，并向总厂承诺，1993年实现营收4700万元。

› 销售科的拓展客户之道

在需求增长的形势下抓住市场，尽可能地增加产能成为获胜的关键。

在这个背景下，川仪六厂吸取之前3微米芯片生产线的市场经验，销售科开始在全国范围内拓展邮电部旗下的通信设备市场。每个省都有邮电系统，每个省一般都有多个通信设备厂分布在各地，每个厂的水平参差不齐。针对邮电部通信设备厂的情况，结合川仪六厂自身的条件，吴中方一方面制定了"加急加价20%、订货期3个月以内加价10%、3个月以上实行优惠价"的定价策略，另一方面在销售厚膜电路同时搭配销售老产品——二极管、TTL电路、线性电路和芯片。老生产线早已折旧完毕，但还养着一些老员工，不能没有收入。

1993年下半年，川仪六厂开始密集地拓展市场，销售科真正成为"龙头"部门。

销售人员先从重庆、四川市场开始，重点与雅安702厂（雅安邮电通讯设备厂）商议价格。片式电阻等微包封器件价格上涨，川仪六厂不得不涨价。

之后，销售人员乘江渝14号轮船沿长江两岸拓展市场，于10月17日到达上海。除上海贝尔外，川仪六厂在上海的市场拓展不容乐观。上海铁路通讯厂已在华东找到合作厂家，川仪六厂在上海无联络点，不甚方便。

随后，销售人员离开上海，前往武汉参加在10月底举办的全国电子产品展销订货会。此次订货会举办地点在江汉宾馆，元器件展销订货和整机仪器展销订货同时进行，不分阶段召开，会期比往届增加一天。趁此机会，川仪六厂可以送出尽可能多的厚膜电路样品，以争取潜在的客户。

几日下来，销售人员收到许多反馈：有要看厚膜电路是否与样机冲突的，有想用厚膜电路替换分立器件的，甚至有对SMT工艺很感兴趣的。除此之外，销售人员还在百忙之中派人拜访了老主顾——武汉邮电科学研究院，并最终成功收回一大笔货款。

到了年底，销售人员积极主动拜访客户，顺势送货、催款，并统计下一年每个客户的需求数量。综合下来，川仪六厂定下了1994年实现6000万元营收的目标。迫于竞争的压力，上海贝尔已要求川仪六厂将每块厚膜电路的价格从4.25美元减到4美元，至于两个深圳的客户——中兴和华为，更是狠命地砍价，想赚它们的钱更难。

1993年12月，在川仪总厂宣布改制上市之际，总厂厂长候选人之一——六厂出来的一位青年才俊即将远赴深圳。这位青年才俊师从美国生产线的车间主任，待人和善，喜欢钻研技术，经常加班加点。临行前，他想到，六厂销售科的一个年轻职员，或许能够成为自己在深圳的有力助手。

这个年轻职员不是别人，正是许传江之子——许勇。

重庆商海：年青一代的沉浮

›成为风云人物

许勇所受家教甚严，高中时就读于北碚当地著名的兼善中学，考试成绩一直名列前茅，唯一的爱好是踢足球。

1987年，许勇进入重庆大学自动化系，成为重庆高校的风云人物。当时，重庆各高校联欢，每年都会定期举办一个包含各项体育文艺赛事的"校园之春"盛会。许勇长于大学男生热衷的三件事：足球、吉他、围棋。他是重庆大学足球队中锋，也是为数不多的非专业出身选手。他组建了重庆高校第一个乐队，到处巡演，倾倒者众。他的围棋水平稍逊，但也是联赛的前十名。

毕业后，许勇被分配到川仪六厂设计科。当时，川仪总厂已与日本仪器仪表厂横河合作，川仪六厂设计科的主要工作是基于对日本变送器的拆解分析，开发相应的大型电路控制板。这是一项技术难度较高的工作。在设计科众多名牌大学生中，许勇深受设计总工程师的喜爱。在这位师傅的指导下，他手绘设计图纸，并学习时兴的SMT工艺，拿到了总厂颁发的新产品设计奖，一年间晋升为技术调试组副班长，在设计之余负责复杂的调试工作。

许勇能力全面，引来厂长吴中方的注意。

当时正值吴中方着力改革销售体制，他觉得厚膜电路是一个新兴事物，必须往销售战线填充技术背景扎实的人才。因此，吴中方授意让许勇到销售科。一般来说，工作不久的大学生多在生产车间一线工作，外出机会很少。能转到销售科，就意味着出差机会大大增加，可以增长见识。

在厚膜电路市场大爆发的时间点，许勇在厂长、车间主任和销售科长等领导的带领下，按区域市场逐个洽谈潜在客户，在笔记本上记录下每个通信设备厂采购科的人员姓名、电话和邮编,并写明产品诉求和进度反馈,方便后续追踪。除此之外,销售科的大学生很少,他还负责给合作方技术人员演示电路图、处理税制改革后的计价与开票等事宜。

1993年10月,许勇乘轮船到上海。那时三峡大坝还没有建成,经过巫山,两岸猿声啼叫不止,江风吹来,凉意习习。观景间,他想起同事邀请自己去深圳的事,不禁陷入沉思。这固然是个好机会,但下海为什么非得去深圳?川仪总厂有上千销售人员,一半都是兄弟,川仪六厂设计科一二十位年轻才俊皆是朋友。许勇心中筹谋,想做一番大事。

›放弃金饭碗

实际上,许勇下海的心思早已酝酿了一年多。

1992年,许勇的表舅带着家人从台湾回大陆探亲。

许勇向表舅说了自己的情况。表舅告诉他:

"大陆经济以后会大发展,你要下海创业!"

受到表舅的鼓励,许勇彻底坚定了创业的决心。许勇在工作后受叔叔的影响,经常看《商论》杂志,崇拜重庆传奇商人牟其中,将其"99度+1度"的理论奉为圭臬。在牟其中看来:

有一壶水烧到99度,还没有沸腾,没有产生价值,有人就建议干脆把它倒掉,重烧一壶水。聪明的做法是,在这壶水已烧到99度的时候再加一把柴,水就会开了,价值就会产生了。成功与否往往就在于关键的一步。那么,这宝贵重要的"1度"是什么呢?它就是市场。

下海需要本钱。许勇在重庆大学时,与数位挚友合伙购置了功放机，在餐厅设场地办学生舞会，一张票一元钱，一场舞会下来能够收入千八百元。于是，他找到一位仍在重庆工作的同学，合伙注册了伟岸测器研究所，并在沙坪坝童家桥干休所租了一间旧办公室，说服数位设计科的同事一起创业。

1993年底，等到时机成熟，许勇向厂长提出辞职，全厂哗然。吴中方大为惊诧，听完原委，责怪这个年轻人不给面子。他说：

"我都把你列为重点培养对象了，你怎么还辞职？"

但是，在许勇临走的时候，厂长向他竖起了大拇指。

› 创业的刺激

许勇之所以敢与合伙人创立伟岸测器研究所，是因为看到一个明确的市场机会。

当时，川仪总厂主营的变送器较为落后，多为机械式。随着经济的发展，国内工厂需要测量精度更高、技术含量也更高的由芯片驱动的控制变送器。国内做出这样的产品有困难，但可以代理外国厂商的先进产品，贴牌出售。仪器仪表行业专业壁垒较高，需要工程师围绕芯片做大量的软件、数据调校工作，而这正是川仪六厂设计科的强项。

1994年3月28日，许勇与合伙人在北京与一个美国公司谈判引进先进的扩散硅变送器。谈判对手是一位南斯拉夫裔的美国经理人，他十分欣赏面前的两位小伙子。该公司熟悉中国的产业布局，看中许勇的背景和销售渠道，给了他们中国总代理的资格，保证长期供货，并且付款节点设置得相当晚。

拿到美国公司的授权，许勇和几位同事循着川仪总厂的销售网络，先跑重庆，再跑四川周边，然后在全国拓展客户。那时，通信手段不发达，拓展客户大多是在线下投标，免不了四处奔波。创业之初，众人不领工资，出差不坐卧铺，而是坐硬座。有一次，许勇前往山西洪洞县投标，下了车只觉得灰蒙蒙的，令人沮丧。跑了很长时间了，还没有像样的客户，该怎么办？

武汉举办的全国仪器仪表订货会似乎是一个机会。全国各大油田、钢厂和化工厂都派来了代表，一个自称背靠河南中原油田的客户向伟岸测器研究所提了许多对技术规格的需求，一看就是懂行的。双方当场签了合同，规定先期预付30%货款。可到了快发货的时候，30%的预付款还没到账，河南客户拿出各种理由。商议半日，对方说：

"你们先来，来了我们就把款付给你。"

许勇无法，只能将货装上火车，带队出发。正值7月底，火车到了十堰，因故障停在山里。好不容易到了郑州，一行四人打了一辆黄色出租车，来到客户位于安阳机电公司的办公室。见客户的办公室装潢气派，许勇心中稳了三分。一番交往下来，许勇认为是十拿九稳了。

许勇见事情办妥，留下其他同事，转而去拜访安阳钢铁和安阳彩玻两大客户。许勇的同事拿到客户给的承兑汇票，便把货给了对方，去银行取钱，才发现汇票是假的。平日，许勇负责合同、开票等事，偏偏这次他不在。

许勇火急火燎赶了回来，带着同事到铁西区公安局报案。警察全数出动，把骗人的客户全部抓住。一盘问，他们不仅身份证是假的，连办公室也是租的。伟岸测器研究所虽拿回了货，但因该批货是定制的，消化起来困难，成了库存。

而此时，伟岸在重庆市场取得了突破。四川维尼纶厂之前为川仪六厂供应高纯度气体，内部的热电厂进行自动化改造，向伟岸测器研究所下了30万元订单。

›电力自动化的新尝试

1995年，伟岸测器研究所经营逐渐向好之际，川仪总厂一位老领导相中许勇，邀请他去组建一家新公司——汇智自控。该公司的两个大股东分别是重庆当地的大银行和人民保险公司，资金实力雄厚，在渝北区的繁华地段租下了一层楼，为每位员工配了一台一万多元的电脑。

根据股东和许勇的规划，汇智自控除开展工业自动化控制项目以外，特别将主要精力放在了方兴未艾的电力自动化系统上。汇智自控创业的思路和伟岸测器研究所类似，都基于外国先进科技公司的硬件产品进行二次开发，然后将技术解决方案打包销售给国内客户。当时，在电力行业，国内发电站、变电站及电力调度系统自动化程度和技术含量很低，甚至主要依靠电话进行调度。自动化程度落后导致事故频发、故障修复时间长，造成较大的经济损失。汇智自控基于西门子的电力自动化系统和英特尔8098单片机系统，将电力系统的监控、控制、信号、保护和通信功能集成一体，让电厂可以根据中央调度屏显示实现全自动化控制。

20世纪90年代，汇智自控进行了川渝两地，乃至全国更大范围内的尝试。

许勇从中国电力系统的王牌专业——重庆大学电机系——引进了7

位电力自控专家和16位年轻的工程师,涉及专业涵盖软件、机柜设计、硬件、结构等领域。

在电力自动化系统的国产化方面,汇智自控基于国有工业体系,在全国范围内初步构建了一个分工明确的链条:北京工控机厂负责板件,川仪总厂负责显示屏、箱体加工及低压成套,邮电通信设备厂负责印刷电路板,南瑞电网控制公司和航天航空部502所负责开发系统主机。此外,川渝两地的电业局配合汇智自控验证应用。正是门类齐全、技术扎实的国有工业体系,为民营高科技企业的崛起提供了坚实的基础。

万事俱备,汇智自控快马加鞭拓展市场,负责软件的研发人员每晚通宵达旦地工作。四川广安一个电力调度中心有意愿部署电力自动化系统,与汇智自控签下合同。许勇回到重庆,向同事宣布了这个消息。晚上,他在返家途中越想越兴奋,汇智自控的事业对于电力行业意义重大。他想起了幼时祖父对他的教导:

"立大志,成大事。"

专题讨论:华晶的沉浮

华晶原是无锡市的一个小厂,1963年被收归在第四机械工业部旗下,工厂代号为742。

742厂早期和其他地方的半导体工厂较为类似,设备材料短缺,订单缺乏，一度通过生产小商品来扭转困局，几经波折，终于站稳了脚跟。1968年，742厂在第四机械工业部主导下与部属的无锡无线电机械工业学校合并，并将厂址从狭窄的弄堂迁到了宽阔的场地。20世纪70年代中后期，742厂能够生产20多种产品，并开始生产黑白电视机使用的全套6块电路，承担国家微型计算机用的8位CPU的攻关任务。

1977年8月，中央召开科教工作座谈会，时任中国科学院微电子中心主任王守武指出：

"全国有600余家半导体工厂，其一年生产的集成电路总量，只等于日本一家2000人工厂月生产量的1/10，这种分散而低效率的生产方式应该尽快改变。"

› 引进日本5微米彩电芯片生产线

在此背景下，中央围绕发展彩电产业做出引进彩电芯片生产线的决策，最终选址在当时科研基础好、厂区发展余地大、交通水电等硬件条件完备的无锡742厂。

合作方最终选定为日本东芝公司。但是，中日双方先行签订的转让合同只包括后工序。在协商后，又紧急补充签订了一份包含前工序硅片制造、实习生培训和专家现场指导的合同。

1978年10月，国家计委正式向742厂下达计划任务书，同意该厂建成年产2600万块5微米制程彩电芯片的专业工厂，总概算27660万元，批准引进设备1426台/套，其中，国外先进设备967台/套，占了将近70%。

完成工程建设、生产线安装和员工出国培训实习后，742厂负制芯片制造各个工序的技术主管认真学习日方技术资料，根据现有设备做了大量工艺实验，为每道工序、每台设备制定了严格的工艺流程和操作程序，使每个工人都能够熟练掌握。

组装车间的操作工人，几乎都是高考成绩接近大学录取分数线的高中毕业生，受过严格的操作技术培训，获得厂部颁发的操作证，积极上进，在一些生产环节上优于日本工人。比如，在键合用劈刀环节，日本工人最快一天研磨28个劈刀，一位742厂的女工经过实验，成功运用一次性研磨工艺，每天可研磨劈刀40~50个。她的这一成果后来发表在学术期刊上，获得了无锡市政府的嘉奖。

与此同时，742厂成立了新产品研发机构，开发了彩电、电话机、电源管理等系列应用场景的芯片产品。为充实壮大芯片设计力量，中央将重庆永川24所数百人调至无锡742厂，进行"厂所合并"，形成无锡微电子联合公司。之后，无锡微电子联合公司又与南京工学院（今东南大学）合办无锡分院。在以上基础上，形成了中国华晶。

在电子工业部限制同类芯片进口和导入彩电客户的双重支持下，华晶研发的彩电芯片满足了熊猫、长城、黄河等几十家国产彩电厂家的需求，初步实现了国内芯片产业工业化大生产的目标。

为响应电子工业部"一家引进，多家受益"的号召，华晶向国内厂商免费赠送技术资料，推广已经掌握的芯片技术、质量管理经验，甚至派工程技术人员到兄弟单位支援。现在国内知名的芯片企业，如长电科技、通富微电、华微电子等都曾经接受过华晶的技术支援。

› **两轮芯片引进工程的波折**

东芝5微米芯片生产线完成既定目标后，全球芯片产业制程突飞猛进，下一步引进工作发生了许多波折。中方先后与法国汤姆逊、德国西门子和日本NEC等谈判，均遭受挫折。

法方开始谈好了协议，但新总理上任后要求修改合作内容，协议修改后不符合中方诉求；德方允诺技术转让且可以返销产品，但设备需要我方采购，不能贷款；日方可以满足技术转让、包销产品、贷款建设等诉求，但其制程是2微米，太先进，国内没有相应的产品。

于是，国内出现了"停"和"建"两种意见。1987年，电子工业部提出，充分利用现有基础和条件，分项引进国外技术，自主建设。于是，华晶将3微米芯片生产线工程分拆给多个外国合作方，该项目于1990年11月开工，4年后通过验收。

就在国内为引进合作方案争执的时候，全球芯片产业又发生了巨大的变化。除了芯片制程迈进1微米大关，芯片的终端用途也发生了分化，三星、SK等韩国企业投入巨资发展DRAM这类通用存储芯片业务，而台湾地区着力发展芯片代工业，主要目标是各类专用芯片。

原先，华晶的战略目标简单、清晰，就是满足国内电子工业需求。但是，随着外围环境的复杂化，华晶面临的选择是动态变化的，其战略目标也开始变得复杂。

针对下一步引进计划，华晶就两个主要问题展开了为期两年的讨论：一是以通用电路为主，还是以专用电路为主；二是追赶国际先进水平，还是满足国内需求。

1992年9月，讨论结束，国家计委通过"908工程"立项，决定建设一条6英寸0.8～1微米、年产量3000万块的芯片生产线。

之后，华晶与四家外商展开了为期3年的谈判，在1995年与美国AT&T（朗讯）公司签约。1998年初，华晶建成生产线。

但是，等到华晶花8年时间完成第三轮生产线引进，国内电子工业形势已发生巨大变化。

同时，电子工业部吸取以往的经验，决定在1995年底上马"909工程"。自此，芯片工程重心从无锡向上海转移，华晶"908工程"变为"拨改贷"，即财政拨款变为银行贷款。产能爬坡需要时间，且国内市场在20世纪90年代后逐渐取消进口限制，华晶因此陷入困境。此后，在台湾芯片产业界人士的帮助下，华晶走出了困境。

华晶的沉浮，跨越了我国从计划经济到市场经济转型的多个阶段，具有很强的代表性。最为关键的是，华晶作为国家工程，前后培养了大批产业人才。这一群体在经历了华晶的丰富历练后，注定将为中国芯片产业在21世纪向市场化迈进做出独特的贡献。

第三部分

重建秩序：
段永平与步步高创业史

前奏：香港商人与广东电子工业

特殊的会面

1986年8月15日，在北京开往北戴河的列车上，诺贝尔奖获得者、物理学家丁肇中与一位领导人见面，随行的还有一位搞高科技产业的中国香港商人——刘永龄。

在那位领导人面前，50岁出头的刘永龄是不折不扣的少壮派。他心里没底，但还是开口询问：

"国有企业太多，我国能不能搞一些私营企业？"

那时，改革"摸着石头过河"，民间经济组织已可以少量雇人。刘永龄保持着干练的工程师的脾性，说话直来直去。他也想不到什么方法，好让问题的棱角没那么鲜明。那位领导人听了刘永龄的问题，点头笑道：

"你认为发展私营经济的理由是什么？"

这个抛来的问题仿佛发令枪的响声，刘永龄字斟句酌地说：

"尽快发展私营企业、上市公司，只要少数股份就能控制全局。我主张采取这个办法，用大家的钱，把小企业卖出去，让大企业上市。我们现在的办法唯有靠国家贷款，大力支持私营经济。香港的工厂，80%是20人以下的小厂，现在的大厂都是小厂发展起来的。在对外开放的同时，也要对内开放，也就是鼓励发展私营经济。"

国家用贷款支持私营经济，从小厂万马奔腾发展到大厂集中生产，国企改革，大小分流。刘永龄的一番话，大大超前于当时的改革进程。那位领导人思考良久，频频点头。

亿利达转战内地市场

› 香港亿利达的崛起

在香港商人中，刘永龄是个异类。他生于四川，家世显赫。其曾祖父在中法战争中立下功勋，被擢为四川总督。其祖父在民国时期的上海金融界享有盛誉，退休后沉迷于古文字研究，他在上海静安新闸路的老宅小校经阁，珍藏了上万种古籍、青铜器和甲骨文。刘永龄在祖父的文物海洋中度过了幼年，但到他成年时，家族的荣光早已不再。

1973年，刘永龄到了香港。他出了火车站，赤手空拳，不知道去往哪里。那时，他已40岁，工作经验丰富。值得一提的是，他确实来对了时间和地点。

20世纪70年代的香港，正处于电子代工业发展的高潮时期。没过几年，刘永龄积攒了一些资源，创建了一个叫亿利达[①]的公司。一开始，亿利达只有一家工厂，不过几十人。刘永龄才智非凡，抓住了办公设备的市场机遇。80年代，亿利达已经建有几十家工厂，产品出口全球。香港的地租和人力成本节节攀升，亿利达开始在深圳设厂，属于来料加工性质。刘永龄仍不满足现状，想搞一个更大规模的工厂，他跑去问深圳市

---

① 亿利达，英文名为"Elite"，即"精英"之意。

政府，却被告知大块地皮既不能租，也不能买。在踌躇之际，借助科学家好友的帮助，刘永龄在火车上见到了那位领导人。在火车中这样非正式的场合，无疑更适合探讨一些颇为"大胆"的话题。

改革开放后，丁肇中、杨振宁、陈省身、吴健雄等科学家成为科教兴国战略的象征性人物，在国内备受推崇。刘永龄以他们的名义设立奖学金、建立阅览室，如吴健雄物理奖、陈省身数学奖、杨振宁阅览室、丁肇中奖学金等。除此之外，刘永龄还以公司名义捐助各类理工项目，如上海交通大学的亿利达青少年发明奖、香港理工学院的亿利达电脑实验室。刘永龄获得了科学家的信任，也得到了他们的热情帮助。

与此同时，刘永龄在商业版图上的扩张更加引人注目。1986年，中英谈判数年，不少香港的精英丧失信心，纷纷抛股卖楼，资产价格下跌。刘永龄反而冲进去，招兵买马，买楼扩产。别人的"天灾"成为他的机遇。此时，改革开放进程快于预期。1987年下半年，深圳市政府对港商放开购地政策，亿利达当即在蛇口拍下一块地，建起10万平方米的工厂。亿利达在香港与深圳两地的分工优势越发变得显著，要充分发挥这种优势，只缺"人和"了。

› **内地工程师成为研发中坚**

在研发上，亿利达需要大量优秀的工程师。香港的职员数量飞速增长，开支很大，人均月薪达两三万港币。如果完全在香港组建研发队伍以满足扩张需求，实在是过于昂贵。

不过，还可以选择另外一个人群——内地顶尖高校的理工科人才。

当时，科学家是全中国青少年群体的偶像，亿利达与这一群体紧密绑定，使内地的理工科人才对一家香港的私营公司产生了好感，这在之前的三十年是不可想象的。亿利达在内地高校认真操办各类奖项，其中最有特点的，莫过于亿利达青少年发明奖。

这个奖项的设立，来源于物理学家杨振宁与中国科学院院长的一次谈话。1984年底，两人谈及中国的人才培养问题，一致认为经济起飞将需要大量动手能力强的人才，应试教育体制明显不利于培养这类人才，最好能发掘善于发明的小天才并给他们上大学的保障。刘永龄听闻此事，深有同感。亿利达在美国设立了青少年发明奖，前十名里通常有一半是华裔中小学生，国内英才更多，更应当悉心选拔、培养。于是，刘永龄在上海也设立了一个同名奖项。亿利达青少年发明奖在上海打磨完毕，1988年，他又迅速将其推广至浙江大学。评定结果出来后，刘永龄亲赴杭州，和杨振宁一起站在台上，给那些获奖的中小学生颁奖。

亿利达青少年发明奖被复制到浙江，亿利达在长江三角洲地区高校中的口碑日益提升。很快，深圳的亿利达分部集聚了来自全国各地知名高校的理工科人才。刘永龄筹谋已久的梦想终于有了加速前行的燃料。

▸"中国松下"的商业蓝图

刘永龄一直以来的梦想，是建造一个"中国松下"。在他看来，索尼公司（简称"索尼"）有许多发明创造，松下公司（简称"松下"）很少有发明，却进行了许多小改革。松下不断改进电视机等家用电器，而价格几十年来基本停留在原有水平上，从而大大提高了市场占有率。松下资产的增值，远远超过索尼。

刘永龄认为，松下模式的关键，在于把已有的科学技术和发明成果迅速转向机器大生产并投入市场。松下并不是发明原创者,而是将技术转变为产品的中介者和开拓者。他认为,中国有的是人才,每年的科技成果也不少,但科研与市场之间隔了千山万水,需要打通。

要建造一个"中国松下",刘永龄的办法是把蛇口的亿利达工业大厦变成全中国智力最密集的据点。在1989年的蛇口工厂开幕式上,刘永龄一口气与5所高校签订校企合作合同,一起进行研发工作。1993年,亿利达成立合肥计算机研究所,一面使其负责先期的软硬件理论设计,另一面又派遣众多中国科技大学毕业的人才来深圳工作。

由此,亿利达在内地实际上形成了一个完整的分工链条。合肥计算机研究所专注理论设计,深圳研发中心的大批工程师打造出原型机,交给蛇口工厂量产,在收到国际客户的售后需求后,再开发相应的功能和软件。

这只是刘永龄商业版图的一角。亿利达的主要市场在海外,需求变化很快,于是他在欧洲另设公司,专门从各种展会收集商业信息,国际大公司的各类新产品动态得以快速传回国内。深圳接收到国际市场需求,完成样机定型,之后便是同样关键的生产环节。亿利达从香港派来具有丰富出口贸易经验的管理层,对内地的中层干部加以系统培训,尤其强调公司的质量目标"就是提供符合客户要求的产品与服务",争取做到"零缺陷"或"百分之百的正常"。

刘永龄在全球范围内打造了商业机器版的"中国松下",国内人才强大的快速研发与工程落地能力第一次在高科技产品系统中释放。亿利达的一个商业机器部门,有近30个研发人员,总揽3个门类、数百款机型的研发工作,产品出口至50多个国家和地区,每月最高产值超过3000万元。内地高校的应届毕业生，刚到亿利达报到没几个月，便成功设计出收款机和用芯片控制的打字机，紧追国际市场潮流。在德国的展会上，收款机和打字机一鸣惊人，每月出货2万台。

深圳的亿利达分部成为理工科人才的梦想之地。在这里，他们能够得到当时中国先进的技术产业的系统训练，能够快速成长为独当一面的工程师，能够领到优厚的工资。

但是，这样的机会并不在多数人的视野之内。就在亿利达隆重举办发明奖颁奖仪式的浙江大学，第三分部因为离主校区路程过远，很少有学生看到亿利达的海报，很多学生不知道这个活动。

浙江大学第三分部正是亿利达所需的电子专业人才的聚集地。

浙江大学信电系的出路：从国有工厂到下海

› 世外桃源里的大学生活

浙江大学第三分部，是信息与电子工程学系（简称"信电系"）的主阵地，占据西湖边缘的一个独特角落。校址旁边是六和塔，相传埋着宋朝的两位好汉——武松和鲁智深。第三分部的前身之江大学是一所教会大学，第三分部建筑自带一种美式教堂的别致风味。抗日战争时期，之江大学校门对面的公路与铁路两用钱塘江大桥建好几个月后因抗日需要又迅速被炸毁，1948年复建。新中国成立后，之江大学各专业被分拆至杭州各高校，本校校址成为远离浙江大学主校区的第三分部。

在杭州的闹市里，第三分部就像与世隔绝的世外桃源。信电系学生身处其间，对于外界发生的事情不甚了然，形成一个紧密的团体。信电系一届学生100多人，全系600人，大多数为男生，他们主要学习无线电和半导体等内容。600亩的场地，各类文体设施占地100亩左右。

信电系学生平日里最大的乐趣，是各类野趣十足的活动。1988年，亿利达在浙江大学举行盛大的颁奖典礼的时候，渝西青年贺向阳与他的好友程卫华[①]，陶醉在大一新生的快乐时光中——在后山探险。这是一个比较危险的活动，毕竟在学校附近的山林里，不时有蛇虫出现。程卫华的胆子明显大一些，他叫上贺向阳往校门外走。两人赤脚在江里抓螃蟹，回到校内大快朵颐。当然，他们吃的东西也不全是土里和水里的。有时程卫华的母亲来杭州看他，会带来红酒和茶叶蛋，两人坐在学校后门的围墙上喝红酒、吃鸡蛋，好不开心。

进入高年级，信电系学生开始接触更为广阔的外部世界。学校开运动会，贺向阳与程卫华轮流蹬着三轮车跑了10千米，到一家叫作"娃哈哈"的批发店取饮料。到了大四时，学校组织参观华晶——当时中国最大的半导体工厂，信电系学生的足迹终于拓展到了无锡。

程卫华因家在浙江，十分中意华晶，最终，他如愿以偿。

› **国有工厂的培养体制**

信电系学生大多数去了国有无线电工厂，去半导体工厂的寥寥无几。受外贸放开的影响，中国的半导体工业正受外国产品的巨大冲击，国有工厂在经历了短暂的复苏后迅速凋零，只剩下一些做整机的无线电工厂尚能维持生存。贺向阳是渝西人，毕业时按国家政策分配到重庆716

---

① 现为长江存储联席首席技术官。

厂。在改革开放初期，作为中央的重点整机厂，716厂抓住了全国发展电视机工业的热潮，推出金鹊牌电视机，业务颇为景气。

事实是这样的：1992年前毕业的大学生，或者说20世纪八九十年代的青年才俊，他们中的大多数，还深受原有体系的吸引。这也就意味着，1992年前的浙江大学信电系，是一个受国有工厂体制浸润的集体。

716厂分工严密，工人要经过培训才能上岗，初中生需读3年厂内技校，高中生需读2年。经过技校体系的培训，无论是打螺钉的工人，还是电阻检验员，一做十几二十年，工作技能掌握得极为熟练。

正值20世纪80年代初，716厂从日本引进了一条彩色电视机生产线，也引入了日本的质量管理体系。朝鲜战争时期，爱德华兹·戴明去日本宣讲全面质量管理体系，大受欢迎。戴明认为，工厂里的每个员工，对于产品的最终质量都有影响。产品的质量检查，应该追溯至产品的每个批次、工艺和原材料，并且发现问题立刻纠正。简而言之，质量管理工作应该全员参与，可追溯，以形成闭环。随着日本电子产品行销全球，中日经济合作渐趋紧密，这套方法随着日本生产线的引进流入了国有企业。

获得去日本学习机会的，正是贺向阳的领导——716厂主管业务的质监处副处长汤文国。他毕业于四川大学半导体专业。在716厂先前成型的军工质量体系上，汤文国逐渐进行本地化的改良和提高。待贺向阳到厂报到时，716厂的质量管理制度已摆脱原有的僵化状态，颇具日系厂商弹性实用的特质。

› 焦躁的1992年

1991年，浙江大学高材生贺向阳进入716厂，获得技术员头衔。由于是新手，他在做高低温实验、学质量检验时，都向老工人虚心请教，在小组和部门例会上耐心做笔记。

1992年3月，716厂的金鹊牌电视机在银川发生多起电路板烧毁故障，质监处派贺向阳去调查。贺向阳在银川蹲点一个月，每日与两位售后服务人员同吃同住，将故障机器拆解完，向领导报告分析结果。

工作之余，贺向阳行走在银川路宽人稀的街面，看到国有商场格外气派，突然听见耳边传来小时候听过的歌曲《红太阳》。那声音连绵不绝，将人包围，一度让他以为回到了20世纪70年代。但听得久了，贺向阳反而想起邓小平的南方谈话，他内心的冲动愈演愈烈。

回到重庆，贺向阳感到有些异样。716厂的工人们都在窃窃私语，他找人打听，原来工厂没争取到摩托罗拉的合作协议。电视机市场竞争白热化，金鹊表现平平，若能联手摩托罗拉，自然会一飞冲天。由于各种原因，摩托罗拉"去"了天津。一时间，厂里流言四起，说厂长寒了心，不想在重庆待了，要去深圳。众人没了主心骨，不知道怎么办。

贺向阳遇到的事情并非个例。他在信电系的师兄段永平，在20世纪80年代初被分配到774厂。该厂由苏联援建而成，一度与首钢并列为北京市的两大支柱工厂，在60年代是亚洲最大的电子管厂。但到了80年代初，军品订单日渐减少，774厂一时之间陷入困境。段永平深感无力，不出3年就决定读研深造，继而南下。

贺向阳也想南下，但他缺乏一个能够说服自己的理由。后来，信电系开始流传一个消息：一个同学毕业才五六个月，就在中山一家大型电子工厂被提拔为总经理助理兼生产部部长！贺向阳听到这个消息后，坚定了南下的决心。

弄潮广东：从装配电视到加入步步高

› 下海后的第一份工作

1993年3月3日，贺向阳到了广州。贺向阳在其姑妈家安顿几日，熟悉了一些广式口味的饭菜，便跑到中山，来到小霸王公司（简称"小霸王"）门口，跟门卫说找总经理助理——陈明永。

在门外等的时候，贺向阳回忆着两年未见的老同学。陈明永是川北人，1987年与贺向阳一同进入浙江大学信电系，不过陈明永学的是电子物理，贺向阳学的是微电子。两人在军训时被分到一个连队，陈明永练习战术，贺向阳练习射击。军训结束后，信电系专业的很多基础课程重合，两人上课经常打照面，一来二去，知道是老乡，便更加亲切。但认识没多久，陈明永心肌炎病发，休学一年。第二年上课，他成了贺向阳的师弟。尽管如此，陈明永仍与上届同学联系密切。平日里练完篮球，陈明永常去微电子宿舍串门，碰上众人下围棋，也经常驻足观战。

1992年，陈明永大学毕业时，被分配到773厂（成都红光电子管厂）。机缘巧合，信电系的高年级师兄段永平向学校老师要人，地处偏僻之地的陈明永，或许就这样成了老师的"重点关怀对象"。段永平在774厂，陈明永在773厂，两人分处两个号码相连的电子工业部直属工厂，估计都能体会那种煎熬的滋味。陈明永在成都待了没几天，便到中山小霸王报到。来到工厂，段永平对他没有任何优待，只是让他先去生产线打螺钉。过了一段时间，陈明永成了"打螺钉冠军"，段永平火速提拔他。不到半年，陈明永已是总经理助理，主管生产部。段永平见他字迹不佳，要求他把字练好。不久，陈明永的字迹便有进步。

正思索间，贺向阳突然听到有人喊他的名字。只见陈明永袖子往上卷，略有汗迹，对他说："马上要生产学习机了，有点儿忙，刚才在帮工人包装产品。"得知贺向阳从716厂辞职南下，陈明永二话没说，推出一辆自行车：

"走，上车！"

贺向阳坐在后座上，吹着凉风，想起自己还不会骑自行车。广东的生活果然不一样，这里的年轻人都会骑自行车。陈明永把他带到一家澳门商人开的卫星电视安装公司。贺向阳想，不妨在中山先安定下来，便抓住这个机会。

卫星电视安装不是一个轻松的活计。给电视安装天线、调试，给酒店匹配相应的硬件，算是比较复杂的工作。在酒店楼顶安装大大的接收信号的天线，费些力气，有时风一刮，人还站不稳。不过，这些都没什么好抱怨的。贺向阳最开心的是，一位校友离开中山时把自行车送给了他，他的车技因此一天天提高了起来。

贺向阳安装卫星电视接收系统的时候，广东的电视工业在全国崭露头角。康佳、TCL和创维，这3个显眼的市场参与者均由华南理工大学无线电系的毕业生创建。原来，华南理工大学地处广州，毕业生的工作分配地分布在广东的重要机关和国有企业，处在改革开放的前沿阵地。

无线电系"三杰"受市场经济浸润，与香港商人接触频繁，学会了很多有效的手段来参与全国的市场竞争，并在20世纪90年代末几乎垄断国内的彩电市场。

浙江大学信电系的毕业生渐次南下，也逐渐在当地形成"小气候"。贺向阳从716厂离职2个月，老领导汤文国记挂他，给他发来电报：

"工厂已批准你辞职，速回厂办理手续，并有一事相告。"

原来，贺向阳南下匆忙，没拿到辞职手续就走了。回到重庆，汤文国交给他一份辞职文件——《关于同意贺向阳同志自愿辞去公职的通知》：

贺向阳，男，现年23岁，四川重庆人，住本厂单身宿舍和睦村6幢23号。

该同志于一九九一年七月由浙江大学毕业分配进厂，现为质量监督处助理工程师。

根据本人申请辞去公职的要求，经厂长一九九三年五月八日批准，同意贺向阳同志辞去公职，并参照川劳人发〔1987〕03号文件有关规定，一次性发给本人生活补助费——一个半月的标准工资，今后不得要求复工复职。

国有重庆无线电厂

一九九三年五月十三日

贺向阳还听汤文国说，一家港资工厂——东莞中渝电子有限公司的总经理，原是716厂的质监处处长，他在1977年就读于浙江大学无线电系半导体专业，将于5月底到重庆物色一位品质部部长。贺向阳与他同为浙江大学毕业,也是分配在716厂质监处,十分合适。

› 港商工厂的历练

在国有军工企业训练出的质量管理技能,在蓬勃的广东电子制造业中是一种稀缺品。浙江大学师兄所在的企业,为重庆商人张松桥所有。20世纪80年代,他把香港的电子表芯销售到内地。90年代,随着将经营重心转向香港,张松桥把东莞电子工厂的经营权全权委托给从716厂物色的熟悉工厂质量管理工作的经理人,也就是那位浙江大学的师兄。

贺向阳很快认识到,管理工厂不仅需要质量管理条例,还需要满足工人的需求。一天早上,四五百个工人到了工位上,像被什么东西粘着一样,没有一人干活。恰逢总经理在香港,几位班组长对管理层说:"加班费,医疗费,一个也不能少。"20多个管理人员大眼瞪小眼,不知道怎么处理。此时,财务经理找到贺向阳,让他给师兄打电话。贺向阳禀明情况,心里有底,让工人代表稍安毋躁。当天下午,总经理赶回东莞,与工人商谈,达成一致。为丰富工人的业余生活,公司出钱,贺向阳在周六当主持,给他们放电影,办迪斯科舞会。

贺向阳在东莞干了一年,被举荐到亿利达深圳公司。经过数年发展,深圳地价迅速上涨,而亿利达的工厂又不够用了。为解决这一问题,亿利达计划在东莞另设工厂,为此需要几位国有工厂工作经验丰富的人士,贺向阳恰好符合条件。贺向阳在716厂的老领导汤文国,这时经过一番斟酌,跳槽到亿利达。两人为高层看重,先在深圳公司各部门轮岗3个月,熟悉各项流程后,又到一个100多人的电话机工厂全面负责管理事宜。716厂的这对重庆师徒,只待东莞那边谈判明了,便动身出发。

不被亿利达香港高层注意的是，500米开外，和其办公楼在一条街上的深意工业大厦，来了一个虎视眈眈的狠角色准备挖角。

这个狠角色就是华为。

亿利达的成功，为同期刚刚崛起的华为提供了一盏指路明灯。这家主营通信设备的民营公司，在积累了不少贸易盈余后，开始自行研发产品，但遗憾的是，当时的华为一无研发管理经验，二无质量管理经验，同样是中国最优秀的理工科大学生，到了华为却发挥不了作用。各地邮电局拿到华为生产的交换机，没过几天，机器就被雷电毁坏了。华为此时没有别的学习对象可以参考，能解燃眉之急的就是亿利达。

在进入亿利达工厂4个月后，贺向阳也接到了华为的电话，面试地点走路就可以过去。在这之前，贺向阳已有不少同事跳槽。

› 加入东莞步步高

1995年9月底，贺向阳在华为和亿利达之间左右摇摆，正犹豫间，陈明永突然到访。陈明永开着一辆蓝色五十铃双排座货车，车标承重1.5吨，里面没什么货，后排坐着两个年轻人。这种车在工厂颇为常见，平时拉些急需的料，往机场、车站运送少量货物，或者三四人外出，最合适。陈明永等人下了车，与贺向阳在亿利达宿舍闲聊，一直在谈电话机市场。正说话间，陈明永讲：

"段师兄离开小霸王，在东莞长安创业，打算进入电话机行业，我们在国庆去拜会一下吧。"

原来，早在9月18日，段永平就带着从小霸王老总陈建仁那里要来的几个人，在东莞市长安镇成立了步步高①。段永平此前到此考察，发现不少优势：当地交通便捷，离深圳宝安机场只有30千米，驱车前往只需半小时；广深高速公路完工在即，货物与工人从广州集散地而来，从长安镇往返广州也很方便；长安镇的土地、人工成本比深圳低。

具体到选址，段永平将步步高落在了长安镇的乌沙管理区。东莞的工业管理区的规格远低于苏州国家高新区，20世纪90年代还未有完善的区域规划统筹，多是镇街一级自己发挥积极性。乌沙管理区横跨四村，大部分在江贝，村内的居民多有在香港和澳门地区经商的亲戚、朋友。因而，乌沙管理区早在80年代便开始招商引资，十分注重做企业的服务工作。随着当地生产经营活动兴旺，基础设施和生活配套设施日新月异，区内的乌沙大酒店是镇上排名第二的酒店，其老板入股了步步高。在此洽谈商务，是再便利不过的了。

10月1日，贺向阳相约两位亿利达工程师，结伴到了长安镇。陈明永把三人接到乌沙大酒店。

贺向阳见到段永平，发现坐在旁边的一半是熟面孔。在中山时结识的浙江大学同学金乐亲，当时是小霸王副总经理占洪水亲自招来的老乡，现在也投奔段永平，任工程部部长，同时代管品质部。交谈得知，原来段师兄希望贺向阳接管品质部。这时，贺向阳听到一句宣言：

"我们要做中国的松下！"

但是，要实现这个伟大的梦想，却不得不解决一个最基本的问题——招工。步步高刚成立不久，缺乏熟练的工人和管理人员，若从市

---

① 公司全称一开始为"广东力高电子有限公司"，一年后改名为"广东步步高电子工业有限公司"。

场上招聘，用起来不顺手，毕竟得培训一段时间。应该怎么办呢？

形成：步步高创业史

离开小霸王

› **面试生产主管**

1993年夏天，一个男青年站在陈明永宿舍门口，"咚咚咚"一阵狂敲。陈明永出来查看，那人说要面试生产主管。小霸王近来产量飙升，工人数量迅速增加，需要有生产管理经验的人。聊了片刻，陈明永觉得此人不错，让他明天开始上班。

这个应聘成功的生产主管，原来在一个国有工厂做维修工作。他参加成人高考，读了夜大。

一个偶然的机缘，改变了他的命运轨迹。在闭塞的小城和工厂，他养成了每天仔细读报的习惯。他的妹妹大学毕业后也被分配到一家国有工厂，但并不开心。读报的时候，他看到广东有家工厂招聘大专以上学历的管理人员，正好适合妹妹。他把那个招聘启事剪下来，给了妹妹。妹妹请假远走广东，从此再也没回原单位。过了一段时间，他接到电话，那头是妹妹的声音：

"小霸王的公关经理对我说，他们很缺生产主管。这家工厂可厉害着呢，在中山，我帮你联系好了，来面试吧。"

来到中山，他充满好奇，面试完第二天就上生产线。过了三天，小霸王的人力部门又面试一遍，方才办好工卡，他分到一间暂时空置的宿舍。这几天下来，他不由得感叹：效率真高！

没过多久，宿舍原来的主人从外地回来。那人名叫娄天春，是段永平在人民大学读书时的同学，担任小霸王山东代理公司的经理。他腾出床位，在地上打了个草席。晚上聊天，他听娄天春讲，段永平人很随和，你有什么意见可以直接提。他点点头，问了一个难以解释的经济学问题：

"小霸王，是国有企业、集体企业还是民营企业？"

›老部下投奔段永平

尽管小霸王有丰厚的分红，但股权结构始终掣肘，段永平和大老板陈建仁最终没有谈拢，挥泪作别。随即，副总经理占洪水升任小霸王总经理。

在离职潮中，一位主管离开小霸王，去一家台资工厂当厂长。未过一个月，他觉得没有前途，于是，他给已在步步高就职的老领导打电话，双方一拍即合。生产部部长说正缺人手，让他多带人来。于是，这位主管叫了另一个熟人，一天时间从小霸王和两家台资工厂集合了四五十个熟手。他租了一辆客车，当天晚上带人前往东莞。

小霸王失去段永平，投奔段永平的老部下一拨接一拨。小霸王的大老板陈建仁只允许他带走6个人，这多出来的人都是自愿离职的，不算挖角。况且，段永平觉得对这些人有义务，因而悉数接纳，职级平移。在步步高初创时期，采用六天工作制，从小霸王过来的"扛枪派"大多数在中山定居，从周六下午2点开始分拨离开公司，倒车好几次才能回到家里。后来，步步高专门购置了一辆面包车，方便员工两地来往。

从中山到东莞，路途遥远不是最艰难的。过往清零，重新创业，段永平还需遵守与陈建仁的另一条君子之约：一年之内，不做小霸王产品的国内竞争对手。

国内市场不能做，那只能"出海"了。

奋战俄罗斯市场

娄天春是从小霸王过来的"扛枪派"，是步步高海外市场的开拓者。离开中山前，段永平招了几个会俄语的大学生，将开拓俄罗斯市场提上了日程。后来这批人跟娄天春去了俄罗斯，剩下一个留在段永平身边。实际上，第一年步步高在国内无事可做，所有人都指望娄天春拿到外销订单。

娄天春的地位如此重要，不是没有来由的。他出生于山西大同一个普通家庭，在五个兄弟姐妹中排行老三，成绩最为优异。1981年，娄天春考上清华大学，上学的时候他兼职做家庭教师和工厂信息员，在同学中是一个异类。读完本科后，他选择就读人民大学宏观经济学专业，成为段永平的同学。在娄天春看来，当市场处于经济发展的改革浪潮中时，自己精通的专业会比平时更显出非凡的作用。人民大学的硕士学位是一个响亮的招牌，毕业后，娄天春在五矿做进出口业务，被派驻国外。不久，小霸王风生水起，娄天春收到段永平的加盟邀请。经过再三思考后，娄天春扔掉铁饭碗，做起了小霸王在山东省的代理生意。

在所有投奔步步高的小霸王代理商中，娄天春占股最多，也是唯一一个转为管理层的人，他为小霸王打下了山东市场，又熟悉海外的情况，是开拓俄罗斯市场的不二人选。

这个市场的机遇显而易见。20世纪90年代，苏联解体，封闭的市场出现一个巨大的缺口，像一个黑洞般吸引着周边市场的民用产品。嗅觉灵敏的中国商人在东北边境做起了皮毛生意，提着现金，像打出租车一样坐飞机到俄罗斯的内陆城市做生意。

机遇很好，挑战很大。在赴俄国的中国商人中，娄天春一下子也显示不出优势。他不懂俄语，是个书生。在别人用飞机运货的时候，娄天春决定用集装箱海运，这样成本低，但速度太慢了，偶尔还会有不可抵抗的风险。一次，步步高的货到了欧洲港口，因为工人罢工滞留海关，没办法，只能等。

出乎意料的是，娄天春还是成功占领了俄罗斯市场。后来，粗略估计，步步高游戏机和学习机当时在俄罗斯的市场占有率为80%，这个成果要归功于娄天春的市场策略。苏联解体之初，俄罗斯人对价格高昂的中国货毫不挑剔，随着货物潮水般涌向市场，短缺经济逐渐过去，消费者有了自己的判断力。产品质量过硬，娄天春又格外注意控制运输成本，由此，步步高产品极具性价比，加之行销得力，逐渐占据了大部分市场。

外销订单滚滚而来，步步高生产线满载运转。创业之初，步步高租了3层厂房，每层占地1000平方米。忙碌时，工厂每日需生产上万台游戏机，数百名工人加班至深夜。[1]

---

[1] 为解决工人的就医问题，段永平在厂内设立医务室，从南昌一家医院请来一位女医生。该医生性情温和、经验丰富，治疗简单病症不在话下，如有复杂病情，则告诉工人去何处看病，免得花了冤枉钱。

步步高生产虽旺，可相比小霸王鼎盛时期一层厂房有数百人，不可同日而语。步步高第一年购地盖楼，处处花钱。更重要的是，俄罗斯市场的游戏机生意虽旺，盈亏平衡却略显吃力。段永平本来对外销订单的利润率不抱期望，只是希望赚个车皮费，真正目的在于练兵。现金流一进一出，公司资金十分紧张。

1996年春节，步步高工业园尚未完工，公司上下在泥地上举行露天联欢晚会。陈明永大步流星走到台上，代表公司经营管理层讲话。段永平坐在台下。

步步高创业半年，按理说不用着急，但市场形势在恶化。在国内市场，游戏机、学习机领域成为红海，代工者泥沙俱下，行业整体利润率急剧下滑。在这种市场状况下，只有排名第一的小霸王有一些品牌溢价，还能赚钱。新生的步步高，显然没有什么品牌优势，回头做游戏机和学习机，也只是练手，并非长久之计。

要想实现长足的发展，步步高必须开拓一条新的产品线。

沈炜领衔电话机业务

› 组建通信产品事业部

打螺钉是步步高生产系统的管理层都需要经过的历练。

贺向阳办了入职手续后，也先去生产线上打了一周螺钉。他在亿利达搞生产时通宵工作，引发肠胃出血。此时，贺向阳病未痊愈，中午去长安医院打点滴，回来在流水线上装配游戏机，难免精神恍惚。有一次没注意，左手大拇指被电动螺丝刀打到，他忙将手伸开，避免血渍沾染成品。手悬到空中，血滴了一地。

步步高大部分人马来自小霸王，空出来的管理岗位——注塑厂厂长、邦定（压焊）厂厂长和品质部部长需通过考评。贺向阳最快走完转正流程，本应就任品质部部长，但此时通信产品事业部刚成立，人手紧缺。贺向阳之前在亿利达管理电话机厂，精于生产，熟悉产品制式，更有现成的人脉。于是，1995年10月底，贺向阳到当月刚成立的通信产品事业部任职。在工厂旁边的一座狭窄民房中，步步高租了两间屋子，一间用来开发学习机，另一间就是通信产品事业部的办公场所。

通信产品事业部由年轻的部长沈炜领导。1993年，沈炜毕业于华中理工大学信息工程系，先是担任小霸王邦定厂的筹办主管和厂长，后负责卡带生产部门和计调部门，为段永平看重。步步高创立后，沈炜转而负责一个全新的产品部门——通信产品事业部。

在当时的主流通信产品中，步步高选择了电话机市场。相比那时风靡全国的大哥大[①]，电话机单价低，主要是家用，但高档的也要好几百元，抵得上一个普通家庭一月的薪资，市场增长迅速。较为新奇的无绳电话机，可在家中各处移动，哪怕蹲在厕所里也能接电话。这种时髦的通信工具马上受到城市居民的热捧，有一个座机还不够，人们开始比谁家的电话手柄更多。

步步高做家用电话机，不用面对摩托罗拉等西方巨无霸的直接竞争，利润还算丰厚。但是，步步高全无通信产品经验，需要组建一支可

---

① 早期的移动电话的俗称，也被称为"砖头手机"。

靠的工程队伍。

近水楼台先得月，凭借贺向阳在亿利达积攒的人脉，沈炜快速建立了一支建制齐全的队伍。通信产品事业部只有2室1厅的办公场所，继贺向阳之后，很快从亿利达来了3位工程师，其中两位负责电子设计，一位负责工艺。他们参照一款在台湾颇为流行的产品，很快完成了电话机样机的研发。

在电话机投产后，有20多位亿利达的工程师来到通信产品事业部，撑起了早期从研发、生产到培训的大部分流程，包括与芯片商联络，绘电路图，根据市场需求开发样机，测试样机，培养刚进公司的应届生……①

› 入网许可证与质量管理

与此同时，步步高在乌沙大酒店对面租下一层1000平方米的厂房作为试验车间，以满足未来的入网验收需求。

当时，要进入电话机市场，首先要有一张邮电部颁发的入网许可证，这是对通信产品生产质量的一个规范认证。入网许可证审核，就是在厂商完成小批量生产后，邮电部门在厂商处抽检样机，并核查技术资料和质量管理体系。来自小霸王的人马都没做过电话机，步步高的管理体系也没有亿利达的健全。正是从亿利达工程师的口中，步步高生产系统负责人陈明永和电话机事业部负责人沈炜第一次知道，原来搞质量工

---

① 完成电话机产品的研发工作后，亿利达的工程师散布于生产、营销、服务等部门，成为集团的中坚力量。当初与贺向阳一起到访乌沙大酒店的王长春，担任了电话机事业部的首任研发负责人；祝春涛后来担任vivo客户服务部部长；刘涛任"小天才"副总裁，主管生产、采购、工程、品质等；施玉坚作为华中理工大学1996年的应届毕业生加入电话机事业部，后任vivo首席技术官。

作的不只是一个"E"（PE工程师），而是足足六个"E"。①

开发出几款样机后，沈炜觉得拿不准，经常跑到小会议室做用户调研。有时，步步高员工刚吃完晚饭，大家坐下来看报闲聊，只见沈炜闯进来，在桌子上铺开许多不同样式的电话机。他让大家看哪款电话机好看，哪种颜色顺眼，觉得好的自己拿回去用，试试有什么问题。随后，贺向阳会给每个用户发一份问卷，问卷基本涵盖了普通消费者会遇到的各类问题：

接听电话的声音怎么样？电话是否会"半夜鸡叫"②？电话是否会出现没有挂断接不进下一个电话的情况？电话按键能正常使用吗？音质表现如何？

刚开始搞电话机，质量问题难免会折腾人，全体同事驻扎在试验生产线，沈炜常来慰问。有时下大雨，员工从工厂跑到较远的公司食堂吃饭肯定会被淋成落汤鸡。在众人愁眉紧锁时，沈炜开着辆老林肯汽车到工厂门口接大家。这辆林肯汽车车身老旧，弹簧已没有弹力，车身离地面很低，跑不了5千米，虽说比较破旧，却能容纳八九个人。有时到了晚上10点，众人还没下班，沈炜便带着他们去长安镇一家新开的知名饭店"168甜品屋"③喝乌鸡汤。不知是否受了附近工程师的影响，饭店老板说正在让大学教授研发"电脑程控一体化蒸柜"，还说电路是自己设计

---

① 此处用一个简单的例子说明电话机的质量问题。当电话机挂机时，并非完全没有在工作，而是处于休眠状态，由程控交换机为其供电。如一部电话机漏电，成百上千部一起漏电，巨大的电流很容易把交换机烧掉。交换机远比电话机昂贵，为保证安全，邮电部门规定了电话机工作电流的上限。除漏电问题外，电话拨号时出现错号和乱号同样不被允许。

② "半夜鸡叫"的意思是，没人打电话铃声却自动响起来，原因一般是响铃电路误触发。

③ "168甜品屋"后来改名为"真功夫"。

的，众人不以为意，哈哈大笑。①

1996年3月，经过5个月的紧张筹备，步步高终于生产出了第一款有绳电话机。沈炜拿着几个序列号码让段永平选择，他选了"007"。流程理顺后，推出电话机新产品的节奏越来越快。年中，步步高通过邮电部下属专职部门的入网许可证审核会议，这标志着通信产品事业部的质量管理体系初步形成。

理顺了生产，电话机市场的新玩家步步高，开始与老牌劲敌TCL正面对抗。

› **电话机大战**

1996年底，通信产品事业部获得第一个无绳电话机入网许可证。测试样机有几个为人称道的卖点：十信道智能选频，防止和别人在同一个频道上产生干扰；在大哥大上就可以预设电话机拨号，并且可以修改和删除；一个电话机自带全自动65536组随机防盗密码，杜绝非法盗用；可以选择多种铃声，晚上起来接电话按键还能自动发出夜光……这些创新之处叠加起来，令人眼前一亮，步步高还因此获得了科学技术成果奖。

通信产品事业部再次延续了小霸王在创业时期的策略：别具一格的组合式创新，让消费者一眼认出自家产品。在北京商场的电话机销售柜台，《中国消费者》杂志社派人询问售货员，最受欢迎的品牌是哪家，他们异口同声地说是步步高。

---

① 研发电话机期间发生了不少趣事。1996年1月，广东分外寒冷，有人骑着三轮车把火炉运了过来，大家做饭烤火两不误。众人合力往工厂里搬火炉，没料到门外的三轮车被人偷了。有人喊道："有小偷！"一位身形矫健的主管赶忙追了出去。

不过，不管怎么创新，电话机归根结底是一种成熟产品，步步高进场较晚，面临激烈竞争的同时，需要着重解决以下几方面问题。

首先是发射电路屏蔽干扰这类工程开发问题。沈炜经常观摩产品外观，拿着电路板仔细瞅，向工程师提出各类专业建议。

其次是纷繁复杂的供应链管理问题。通信产品事业部建立之初，没有一个成型的供、销、存体系，沈炜放心不下，经常叫上采购部门的同事一同去仓库查看。盘点些许时间，沈炜对电话机库存型号和数量心中有数，开始发问，如某种型号电话机为何销售不好。如果物料积压多了，他便叫来计调部门的负责人，告诉他之后下料务必要少。有时问题牵涉的部门实在太多，到了晚上7点，沈炜愈发精神抖擞，召集众人开会，人不在也一定要打电话，落实到具体的负责人，限期解决问题。等问题清单逐一列出对应解决方案，已是凌晨两三点。会后，电话机事业部再出一份详细的会议记录，以备此后问责。

最后是维持与代理商的关系。步步高与TCL之间的竞争，时常打"价格战"。代理商反映的问题，即便甚为细微，也会直接报给总部，各产品线都严阵以待。一次，代理商向总部反映，一箱电话机颜色杂乱，有红有黑。一路追查上去，原来是装箱失误。沈炜叫来几位主管，大发雷霆，认为这是一个很大的问题，必须重新设计流程。沈炜平时性情内敛，大家都没见过他发火的样子，这个紧急会议让参会者无不汗流浃背。

因为装箱失误发火，一般人来看，这样做有些过头了，但步步高的确是在做一门并不那么好做的生意，"半条命"掌握在代理商手中，不得不万分谨慎。

步步高的公司架构

1996年7月，步步高的工业园和宿舍楼盖好了，第一款电话机产品在大会议室通过验收，贺向阳离开通信产品事业部，负责主持品质部的工作。

房子是新的，公司名字也换了。之前的"力高"较为普通，段永平面向全公司征集名称，最后选出来一个"步步高"。对于英文名称，有人说是BBG。有人表示反对，认为BBG音同"寻呼机"（BP机），寓意不好，最后便换成了BBK。于是，一个中文名叫"步步高"、英文名叫"BBK"的公司诞生了。

新厂落成，为庆祝，步步高举办了首届篮球比赛，工程、品质、采购三个部门组成"瞎猫队"，陈明永、金乐亲和贺向阳三位浙江大学同学都穿着黄色队服上阵。晚上，院子里开辟唱歌场地，步步高员工纵情放歌，段永平恰巧路过，唱了一首周华健的歌曲。

主持品质部工作时间越长，贺向阳越感觉到段永平对他的重视。建厂之初，段永平反复强调全面质量管理的重要性。贺向阳到任后，组织员工培训，每个月培训两次。请来的培训人员一面培训步步高各个部门的员工，一面指导品质部质量手册和流程文件的撰写工作。培训结束后，步步高请来当时全国最大的产品认证机构"中国赛宝"来公司审察。段永平十分重视，参加了首次和末次审核会议。整个流程下来，步步高基本建立了完善的质量管理体系。之后，贺向阳再向段永平汇报一个具体的产品问题，他便挥挥手说："你做主吧，我相信你对质量的理解。"

在广东省如野草般生长的消费电子企业中,步步高对品质管理的实践是超前的。那时,除了少数大型外资企业愿意花钱做质量认证,一般的民营企业对此毫无兴趣。段永平对质量管理如此重视,或许和他在北京电子管厂(774厂)工作三年有关系,大型军工企业体系健全,产品质量要求极高。

与段永平一样,贺向阳也出身于大型军工企业,在国有企业的两年历练,在他心中刻下了终生难忘的品质管理原则。716厂导师的教导言犹在耳,品质管理应该"坚持原则,保有弹性";也就是说,在一般情况下必须把握原则,只有在极个别情况下,才能对非主要缺陷适当放宽要求,同时要密切跟踪元器件上线或者出货后的反应,并及时处置风险。到亿利达后,港资企业又给贺向阳灌输了更为先进的质量管理经验——产品质量是设计出来的,不是生产出来的。由此倒推,产品设计部门在一开始就应将质量放在心头。

基于大型军工国有企业和港资企业的质量管理框架,步步高在通信产品事业部做好样板,然后将其推广至全公司,从而建立起健全的质量管控体系。步步高把亿利达那六个"E"全学了过来,除了把负责现场生产的PE工程师安排在工程部下,该部门又另设负责工艺技术的IE和工装设备[①]的ME。品质部下设三个工程师小组,分别负责三个E——质量问题分析(QE)、产品测试(TE)与标准化(SE)。除了这六个E,品质部还下设原材料检验(IQC)、质量保证(QA)、出货检验(OQC)三个质量管理小组。每个小组由主管负责,分管对应的工程师和技术员。

光工程和品质两个部门,不足以建立整个质量管理流程。原材料的

---

① 即用于关键点测试的模具、夹具。

采购至关重要，虽在公司体系外，却直接影响产品质量。采购部在接到指令后，需要与品质、工程两大部门共同认证合格的供应商，实现供应链上的全面质量管理：

采购部初选，认证工商资质、售后服务承诺，评定供应商的资金、场地、生产规模与行业地位。工程部对供应商的生产工艺条件和小批量、中批量生产的不同情况做出评价。品质部认证质量管理体系，对供应商发来的样品做各类环境实验和可靠性实验。如果要采购的是新技术元器件，开发部必须介入，对可行性做出认证。整套严密的认证流程走下来，才可与供应商确定供货的数量与价格。

围绕产品质量，步步高设计了各业务部门的职能与流程：

销售部完成市场定位，开发部遵照定位研发技术与产品，工程部把开发成果向生产部转移，生产部统揽工艺、原材料、设备与工具，将生产订单与库存情况反映至计调部，计调部向采购部下达原材料采购指令，并对销售部安排的逐月逐季生产任务负责。

质量管理，归根结底是生产系统向销售系统负责。

作为步步高副总经理，陈明永的主要精力放在统领整个生产系统上，包括工程、生产、采购、计调和品质等部门。生产系统之外的销售系统和后勤系统，则由段永平统领。在步步高主攻外销的第一年，段永平专门任命了一位外销部长。有时外销任务急促，生产不及预期，外销部长便急不可耐，给段永平打电话，他再催陈明永，层层压力下来，工厂高速运转。与小霸王老总陈建仁的一年之约到期后，步步高将重心由外销转向内销，段永平直接管内销工作。这个部门最重要的工作，一是广告片的拍摄和中央电视台广告的投放，二是管理代理商群体。这两项工作都需要快速应对市场的动态变化。

在生产系统和销售系统之间，还有一个处于过渡地带的开发部。有一段时间，段永平和陈明永一起管理开发部。与同期的华为相比，步步高的技术开发职能没那么重要。不同于华为雇用大量工程师开发高技术含量、高风险的创新产品，步步高的强项在于严密把控生产端，掌握外观和结构模具。相比竞争对手，步步高的电子产品外观漂亮，结构和表面处理精细。总的来说，步步高产品的相对优势，类似松下产品的过硬质量和相对合理的价格，可以将其简要概括为"松下式良质"。

不过，"松下式良质"的形成并非一日之功。在创业早期，资金匮乏、产品选择失误和组织架构不合理都是企业中常见的问题。同样，这三个问题也困扰着步步高，而且以一种连环触发的、更为戏剧性的形式表现了出来。

阵痛中的变革

› 旗帜还能扛多久

1996年下半年，步步高始终面临资金匮乏的窘境。

一个浅层的原因是海外市场现金回流慢，另一个深层的原因是新旧产品青黄不接。步步高与小霸王的一年之约到期后，国内游戏机和学习机市场竞争激烈，利润微薄；新研发的电话机产品还处于小批量试产阶段，没有中央电视台广告的加持，代理商有力使不上，暂时也无法快速"回血"。

眼看步步高就要陷入僵局，1996年底的中央电视台广告投标成为关键。在人人看中央电视台节目的时代，品牌要攻占全国市场，需要发起一场海陆空"三军协同"式的"战争"。首先是中央电视台广告的"空中火力"开道，引起全国范围内消费者的注意和兴趣，激发市场需求，然后是公司总部源源不断地制造产品并运往全国，最后到代理商那里，通过庞大的柜台导购军团完成商品销售。这三环一环扣一环，没有中央电视台的广告，步步高就像一辆没有燃料的火车，只能停在原地，由人力牵引。

危急时刻，俄罗斯那边终于有了动静，娄天春雪中送炭，步步高如愿拍下《新闻联播》后面的黄金广告位置。等待已久的步步高战车，终于要开动了。

› 电子小鸡的起与落

有了中央电视台广告的"空中火力"支援，步步高的电话机产品渐有起色，与TCL形成对抗之势，却只是唯一的增长支柱。拳头产品数量稀少，让管理层头疼不已。正在此时，全国流行起了"电子小鸡"。

电子小鸡是一种电子玩具，相当于一个虚拟的鸡笼子，售价30多元。它和乒乓球一般大，扁平状，在一个黑白显示器上能看到小鸡吃食、睡觉和走动。小鸡饿时，蜂鸣器作响，提示主人该喂食了。

电子小鸡的流行速度令人惊讶。其飙涨的价格、可观的利润，实在诱人。1997年4月，步步高迅速上马了电子小鸡生产线。

但是，步步高马上遇到了一个难题。电子小鸡投入生产后，步步高才发现，芯片供应商的技术还不成熟，导致机器老是漏电。消费者拿到产品，玩两三天，没电了，纽扣电池不能充电，就需要换电池。一年下来，光是电池费用，就可以买好几个"小鸡"。芯片供应商的技术问题，进入工厂后转换为产品的质量问题。段永平听到产品合格率低，连忙来工厂视察。

市场的演变很快超出了步步高的控制。电子小鸡是一种时髦物件，门槛很低，珠三角的工厂行动起来，形成了一股庞大的市场盲流：很多工厂没有步步高这样高的质量要求，靠不断推出新颖的款式和功能来争取消费者。市场供给量飞速增加，电子小鸡价格迅速下跌。此时，步步高又受到生产问题牵制，一些办公室职员也被调到生产线上帮忙。仓促上马的电子小鸡影响了段永平的心情，他在会上焦急地说：

"电子小鸡的价格一天一个样，你们还有什么理由推迟？"

令人始料未及的是，马上又出现了一个更大的问题。不久，中央电视台报道，中小学生在课堂上养电子小鸡，荒废学业。突然间，舆论风暴把这个看起来人畜无害的电子产品吹到了热锅上。

1997年6月，电子小鸡上线两个月后，还没等供应链问题得到解决，步步高就决定砍掉这条产品线。经历了这次失败的尝试后，步步高从此与珠三角的电子工业保持着若即若离的状态：

一方面，步步高密切地观察华强北的动向，试图从中捕捉未来的发展方向，在选定的电子产品方向上，营销和创新有过之而无不及；另一方面，步步高坚持对品质的要求，并陆续设立了一系列与众不同的标准，相当于给自己戴上了亲自打造的枷锁。

› 总厂一分为三

或许正是意识到那些与众不同标准的重要性,段永平开始有意识地从多个产品线的一般事务中抽身出来,将其交给年轻人管理。

1997年7月,步步高一分为三,各不隶属,独立经营。刚投产一个月的VCD播放机产品线,被划入视听电子厂,简称"AV厂",由陈明永统领,副手为原工程部部长金乐亲,两人均为浙江大学毕业;电话机产品线独立成厂,由沈炜统领,副手为原生产部部长周顺翔,两人均为华中理工大学毕业;学习机、游戏机等传统主业,由黄一禾统领,副手为原品质部部长贺向阳。3个工厂,6位高管,除黄一禾年纪较大外,其他5个人都没有超过30岁。

年轻人上前线,老人留在总部。总部主要担负步步高集团的品牌营销、代理商管理、售后服务、人力行政、财务、后勤等职能。在最为关键的财务上,总部根据三厂的需求,统一调度资金、发工资和从代理商处收款。三厂定期与总部对账,每年拿出一定的利润交给总部,作为总部职能部门的运营成本。此外,为增加三厂的应变能力,总部将部分营销和售后服务权力下放。在产品线确定后,三厂自行决定市场定位和价格,并负责售后服务。

步步高"一分为三"的组织改革来得突然。对于新上任的年轻厂长和副厂长来说,挑战不可能是和风细雨般的,而是疾风骤雨般的。

陈明永主持VCD播放机

› VCD播放机一炮打响

VCD播放机是由中国人创造出来的电子产品。1993年，安徽的电视技术工程师姜万勐到美国出差，在一个展会上见识了多媒体芯片的威力。他拉着启蒙他的美籍华人芯片工程师孙燕生，成立了一家结合两人名字的公司——"万燕"。这家合资公司发明的VCD播放机一炮打响，但却很快被各路"豪杰"的仿制机挤出了市场。短短数年，全国竟有20多个品牌厂商异军突起，排着队要在中央电视台打广告。在行情火爆之际，深圳、东莞做VCD播放机塑料面板的工厂昼夜不息，一年赚取数千万元利润，这个数字甚至将很多生产整机的工厂甩在了身后。

VCD播放机市场进入红海阶段后，主打功能与营销手段不断升级。VCD播放机读取光碟的能力成了一大卖点。更有甚者，一些厂商让人把光碟踩几脚后再放进机器中，当消费者看到被划、被压后的光碟仍然能被播放出来，无不惊奇。

相比之下，后进入者步步高的广告片不求浮夸，中规中矩，但在中央电视台播出后，反响极佳。步步高请来当红功夫明星李连杰代言，其一开口语惊四座：

"步步高VCD，一年包换。"

这句广告语没有说任何产品特点，而是强调了步步高VCD播放机最与众不同之处——售后服务。不仅一年内包换，官方的政策还包括三年内免费维修、终身维护。这一系列承诺，门槛很高，风险不小。大多数厂商遵循国家政策，七天包换，最长也就三个月。

步步高如此大胆,源于对消费者文化的观察。

早在20世纪90年代初,北京西单一家新开业的名叫"特别特"的小商店打出了一条极为响亮的广告:商品售出后三个月内免费包换包退。本来,这是一项对标国际标准的服务,但在国内的市场环境中格外显眼。消费者蜂拥而至,"特别特"栽进了售后陷阱之中,许多商品被恶意损坏,衣物在没有经过保养后被强行退回。因为名声太响,"特别特"被小偷盯上了,被盗窃也成为其一大烦恼。新闻界对一些素质低下的消费者大加鞭挞,但无济于事。鉴于一系列难题无法解决,"特别特"干脆取消了原先的售后政策。

到了1997年,经过数年市场经济的熏陶,消费者的心理逐渐成熟,一般人不再抱有"有便宜就占,有油水就捞"的心态。更为重要的是,VCD播放机市场的消费者面临太多的选择,他们可以用非常低的价格买一款VCD播放机,却可能因为质量和售后问题头疼不已。贪便宜是有代价的,消费行为是在演进的。步步高借李连杰之口,把隐身在后台的质量优势和服务网络搬到前台,从而直接拉动销售业绩的增长。当李连杰率先宣布一年包换时,实际上抬高了VCD播放机行业的竞争水准。

VCD播放机广告收到奇效,AV厂高速运转起来。此时,陈明永患心肌炎尚未痊愈,在办公室用一个药罐子煲药。桌上有两部电话机,手里拿着一部手机,他一边煲药一边打电话,电话整天响个不停。有时电话说不清,陈明永直接把几个负责人叫到现场,一天下来颇为劳累。

› **芯片隐患**

对于AV厂来说,芯片是至关重要的一环。步步高的大多数芯片,如无绳电话、学习机的芯片，均由台湾地区的芯片公司提供。VCD播放机的芯片起初由VCD播放机发明人之一孙燕生创建的硅谷公司C-cube提供，但硅谷离国内市场太远，新兴的台湾设计公司联发科，在岛内芯片制造巨头联电的支持下来大陆拓展市场，近距离为客户提供服务，产品迭代极快。渐渐地，步步高将联发科作为芯片设计商，并将芯片交由联电制造。

芯片能否按时到货关乎销售节点和库存管控，陈明永经常亲自过问。他在办公室的口头禅是："联电的货怎么样了？联电那个板子打好了没有？"台湾的芯片业界，开始在大陆市场显示威力。

不过，VCD播放机的芯片不止联发科一家设计商，步步高的产品线也不是只有VCD播放机一条，若分门别类采购十分烦琐。段永平将这项极重要的工作交给一位备受信赖的台湾芯片代理人。

有了芯片供应商的紧密支援，全国代理商迅速把货铺了下去，却发现产品返修率异常高。两台VCD播放机放在房间里，一个遥控器竟能同时控制两台机器。此外还有相当多的蹊跷问题，令人一时摸不着头脑。有人猜测，或许是时间紧迫，测试不够充分。

返修率高是一个致命问题。步步高打出的广告语，是以品质为基础的，没有这一点，原先的好口碑会随着返修率高而丧失，或许没等机器修理好，消费者就跑到了别家。

此时，售后服务问题不再是一个维修员就能解决的问题，而升级为可怕的工程灾难。

> 棘手的质量问题

1997年，为缓解若干产品线同时推进带来的资金紧张问题，步步高接受台湾地区电脑厂商宏碁的注资。那时，宏碁的创始人施振荣为个人计算机市场饱和早做打算，进军新兴的VCD播放机市场，却苦于没有客户接受其技术方案。宏碁以5000万元取得步步高19%的股份，双方在VCD播放机市场结盟。

这是一个年龄代差颇大的联盟：宏碁诞生于台湾经济起飞的1976年，步步高诞生于大陆经济开始高速发展的1995年，一个已经成年，一个尚年幼。

事实证明，宏碁的入股加速了步步高在工程上的落地。宏碁在电子产业方面经验丰富，步步高快速吸收这个关键元器件和技术供应商传来的"内力"。但时间一长，这对甜蜜的盟友产生了间隙，宏碁工程师一个月拿几万元工资，到点下班，步步高开发部的年轻人时常干到半夜两三点。工作时长差别如此之大，开发人员颇有怨言。况且，VCD播放机解决方案只是宏碁的一条产品线，公司存亡不在于此，各项程序十分烦冗。步步高却不同，售后服务出了问题，整个公司如热锅上的蚂蚁，一天不解决问题，便有致命的危险。

工程问题没有妥善解决，反馈到代理商那里，便是岌岌可危的销售业绩。代理商因为上次电子小鸡的失败已颇有怨言，这次更加不满。陈明永急于解决VCD播放机的产品质量问题，从贺向阳那里调来几个深谙质量管理的熟手，并派了工厂办公室的年轻人侯宝军来电玩厂（学习机、游戏机厂），请求匀出两条生产线专做维修工作。

质量问题迟迟没有解决，引起一些代理商的不满。

聚变：段永平的经营哲学

质量运动

› 解决VCD播放机的质量问题

1964年，松下代理商不满公司管理层，跑到创始人松下幸之助那里告状。最终，松下幸之助决定重新出山。刚回到领导岗位，他就召开了著名的"热海会谈"，以稳定代理商的"军心"。

即便强如松下幸之助，也不得不响应代理商的利益诉求，段永平又该怎么做呢？

当一些代理商不满AV厂的时候，段永平专程跑去做思想工作，此事最终得以解决。

受益于珠三角日益完善的芯片产业链，陈明永得以快速解决VCD播放机的质量问题。飞利浦代替宏碁，成为步步高的关键供应商。飞利浦等外商提供"一条龙"式的解决方案，技术支持完备。VCD播放机厂只需缴纳专利费，用飞利浦的方案组装机器就行。步步高开发部前期已积累了相当强的技术能力，用飞利浦的方案驾轻就熟。

VCD播放机质量危机加重了步步高的紧迫感。质量管理是一个系统工程，VCD播放机开发到一半才发现诸多质量问题无法解决，说明这个系统仍存在诸多漏洞，如不赶紧填上，以后难免再犯错误。

› **早期的质量管理系统**

创业早期,步步高的质量管理系统初具雏形,但主要依靠生产主管个人重视。

建厂之初,步步高的生产主管发现一个颇令人头疼的问题:在生产线上组装完一台学习机、游戏机后,到了最后的检验环节,总有一些次品没有被检查出来。尽管三令五申,但没有多大成效。

为此,主管想出了一个法子。他让行政部给每个品质检验员刻一个章,检验完一台机器就盖上检验员的章,表明该机器由此人检验,如有质量问题,可按保修卡上的地址寄回。此法施行不久,一位女检验员告诉主管,她收到了消费者寄来的信件。经过现身说法,检验员的责任意识逐渐增强。

为了较为系统地解决生产质量问题,步步高成立没多久,便申请获得国际通行的 ISO 9002 标准认证。在亿利达做维修工作的技术员李云生,经贺向阳介绍,于 1996 年 3 月加入步步高。刚进通信产品事业部的时候,他参与了 ISO 9002 标准认证的相关工作。那时人手不足,20 多个生产管理人员穿梭于生产、邦定、包装、半成品等车间,研发部只有六七人,李云生有时也从生产线上过来帮忙。研发人员要求懂一些电子结构,李云生自学大学课程里的微电子原理,逮住贺向阳便向其请教。

一人身兼数职,是步步高创业初期的常态。即便如此,严格一致地贯彻质量标准亦很难。

步步高一分为三后,人员猛增至数千名,分工进一步细化。李云生在电话机厂,但很想从生产转到销售方面。领导劝他,一个优秀的班组长懂技术还懂管理，并不容易。他听从组织安排，在总装车间当车间组长，手下管着十几位工人。李云生将这些流水线上的新手看作兄弟姐妹，做好示范，言传身教。

大量新工人加入，使生产管理整顿变得更有意义。步步高原来申请的ISO 9002标准认证，没有对产品设计过程控制的要求，在其他细微方面的要求也没有ISO 9001标准严格。于是，升级至这一标准，成为工厂质量管理的目标。

ISO 9001标准对于质量管理的要求事无巨细。除了对产品全过程进行严格监控，也囊括了质量文件管理、人员培训机制、内审和管理评审等涉及质量的管理工作，以及组织架构。要达到如此严格的标准，五S工作法必不可少。①

› **对症下药：五S工作法**

五S，即整理（Seiri）、整顿（Seiton）、清扫（Seiso）、清洁（Seiketsu）、素养（Shitsuke）。"二战"结束后，日本人为提高产品质量，逐渐总结出这一方法，丰田对其尤为推崇。20世纪80年代，随着日本企业在全球的扩张，五S工作法在全球流行开来。

五S工作法适用于操作桌面、仓库、车间等所有生产工作的场合，详细规定了人的行为规范。工人养成良好的作业习惯，现场管理到位，也就意味着向标准更近一步。同时，质量管理标准要求，如果产品质量出了问题，最终可以溯源到某个工人在某个物料上的某个操作。严格

---

① 产品质量形成全过程，包括产品质量要求确定过程、设计过程、原材料零部件和外部协调服务的采购过程、生产过程、检验过程、交付和售后服务过程等。

的可溯源性，以五S工作法的充分执行为基础。由此，质量问题更容易锁定。

步步高三厂的质量管理运动，首先围绕五S工作法展开。

各部门先对车间班组长和主管进行培训。其中，物料部会对原料的规格做出专门说明，在车间打上醒目的标识。在工位上，坏掉的螺丝要放到红色小盒里。在仓库里，坏品要放到红色区域，待定品和合格品则分别放到黄色和绿色区域。工程部给每个岗位贴了一个详细说明职责的工作牌，对每个型号的产品出具一份作业指导书，工人照此操作。

为了监察生产动作是否符合五S工作法，步步高在每个车间配备了一名监督员，负责检查车间生产行为。上班迟到、工位不洁、好坏物料混放在不同的盒子和分区，都是应纠正的错误。有时生产忙碌，监督员向组长反映问题，他们说没时间，向具体的工人反映问题，他们说不知道，监督员只好扣分。一来二去，双方关系自然僵化。有主管察觉到这个问题，出面向工人表示：

"一个人要有最起码的职业道德，那就是把自己的工作做好，这样公司的效益才会好。只有公司发展了，我们才会有信心努力干下去，福利才会增加，工资才会有保障。那么，可以这样理解监督员——助你成功的纽带！"

监督员检查生产环境，工程部则例行检查生产动作是否合规。他们检查工人是否按照作业指导书操作，如坐在工位上焊接集成电路时，一定要用260℃~290℃的恒温烙铁，且用特定的角度，度数偏差过大，则不符合标准。

除例行巡检外，三厂各自举办工余活动，调动工人遵守五S工作法的积极性。

电话机厂自1997年开始定期举行生产竞赛，奖优并不罚劣。QC（质量控制）组将固定数量的物料摆在赛场上，站在生产线末尾检验产品功能的完好性。对各生产线班组的评价指标，包括一次抽检合格率、返检率、一小时下机数量、从组装到最终检验合格的直通率……受奖评激励，李云生在生产线上忙得不亦乐乎，每天想的问题是如何提高生产流程的顺畅程度，如何提高产品合格率和生产效率。

AV厂则开展一项名为"挂葡萄"的评比活动。厂里的每个工位上都挂上无色的"葡萄"，若当天表现好，"葡萄"着蓝色，表现一般着黑色，表现差则着红色，并取消当日文明员工奖。这串"葡萄"也就是当月作业成绩表，谁"吃"的"葡萄"多，表示谁工作干得好。工位挨得很近，工人们一扭头就能看到一串串"葡萄"，自然个个争"吃葡萄"。电玩厂看见这个方法奏效，也拿来推广。

推广五S工作法的目的，不只是培训工人的作风、生产高质量的产品，生产过程中的信息，也会被及时反馈给其他部门。如产品返检率异常高，车间会立刻反馈给开发部，以检查是否发生了产品结构的重大问题。开发部抽检成品，如果发现是普遍问题，就会即刻中止生产，相关部门开会，研究如何解决问题。只有在解决方案同时被研发、工程和品质部门验证通过的情况下，生产才可以重启。有了这样严谨的问题处理机制，VCD播放机质量事故发生的概率急剧降低。

基于五S工作法，步步高三厂在1998年先后完成ISO 9001标准认证，生产系统严谨规范的质量管理体系建立了起来。

随着步步高产销两旺，大量工人涌入工厂，管理难题也愈发棘手。

工人管理体制的形成

› 全新的工人群体

步步高吸纳的工人群体，与计划经济时代的工人群体不同，他们成长于完全不同的环境。

在计划经济时代，"以厂为家"是一个名实相符的概念。各个工种的工人，先在国有企业附属职业学校学习，然后上岗，十几年如一日，对本职工作极为熟悉。作为回报，工厂在财政支持下为工人提供完好的社会保障和丰富的社会活动。

进入经济转型时期，大批新生代工人进入与父辈经历的工厂完全不同的工厂里劳动。改革开放初期，电子加工业的主流发展趋势是求新求快，产品没有多少技术含量。新一代工人群体处于这样的生长环境，人力资本投入一直是令人堪忧的。

全新的工人群体给广东的电子加工业带来巨大的挑战，步步高也不例外。1997年以后，步步高的工人数量迅速上升，未受训练的年轻工人大量涌入。电玩厂的一位负责人如此总结新工人带来的挑战：

"员工工作不熟练、纪律差、情绪波动大都会影响到工作效率。根据对生产现场的调查，新进员工迅速增多影响了工作效率。从8月底到12月上旬，生产部总人数增加很多，新老员工的比例为1.4∶1，这对培训工作提出了严峻的挑战，培训压力很大。"

在总结的最后，这位负责人特意附上了进厂1周后新工人与熟练工人的效率对比。平均来看，插件、焊接、打螺钉、质量控制这4个职能，新工人的产量分别只有熟练工人的60%，失误次数远远高于后者。一条纯粹由新员工负责的生产线，需要1~2周的时间才能趋于稳定。如果再加上新产品小批量试产等诸多因素，工作效率更会大打折扣。新老员工工作情况对比如下表所示。

新老员工工作情况对比

工位		产量 （件数/10小时）	新老员工 失误比率	熟练工人培训周期 （天）
插件（插两根光线、两个电阻）	新员工	6000	3∶2	20~60
	老员工	10000		
焊接 （焊电机线）	新员工	1300	2∶1	7~15
	老员工	1800		
打螺钉 （打底壳螺钉）	新员工	800	3∶1	7~15
	老员工	1050		
质量控制 （测整机功能）	新员工	200	5∶3	15~40
	老员工	280		

› **选拔生产管理负责人**

为解决新工人大量涌入带来的产量和质量问题，电话机厂的生产部长宋小欣采取了"工作缺陷责任负责制"，为主管、班组长及普通工人设立层层目标，形成了一个树状目标考核机制。

特别是对于生产管理负责人，生产部创立了一个名叫"管理甲级联赛"的制度，使能者上，无能者下。一季度为一赛季，比赛围绕一次送检合格率、人为返检率、坏机占比和五S工作法得分总和评定，每月月末按积分衡量，工资级别随业绩上下浮动。每个赛季后，两名垫底者从"甲A"（组长）降到"中B"（侍应生、物料员），从"中B"降到"甲C"（储备干部）；同时，有人从"甲C"升至"甲B"，从"甲B"升至"甲A"。

除了"管理甲级联赛"定期考核，生产部还特别制定了侍应生应具备的条件：

一是具有高中文化水平；二是在工厂服务半年以上；三是熟悉全组各个工位操作（包括QC位测试）；四是对坏机（坏板）有一定的维修水平；五是具有对ISO 9002的认识和一定的五S管理能力。

侍应生考试分为理论、实操两个部分，公开透明，激励大批工人报考。侍应生考试通过后，还需试用两个月，其间不提工资、级别，合格后才上涨工资。侍应生一旦同时具备了QC测试、维修和五S管理能力，便能管理、培训新工人。合格的侍应生数量越多，相当于工厂的生产管理储备干部越多，能够容纳的工人数量也就越多，工厂生产能力也就越强。

通过公开的考试、选拔和竞争机制，步步高重塑了一个适应市场经济环境的工人群体。市场经济下的电子产品生命周期极短，这意味着市场参与者要在很短时间内完成电子产品的质量爬坡。步步高设计出一套以天、月和季度衡量产量和质量、工资和职级的制度，工人的反应更灵敏，成长更迅速。强烈的上升渴望驱动工人呈现出更加优异的工作状态。

› "民主集中"的生产制度

不过，管理一个工厂，仅仅靠自上而下的激励制度，还远远不够。

在确立电话机厂生产管理负责人选拔制度后，宋小欣又给每个工人发了一个"心声本"。宋小欣身材瘦小，行事却风风火火，未见其人，先闻其声，嗓门大得几米开外便能听见。他为人热诚，深受大家喜爱。电话机厂的工人信任宋小欣，拿到他发的心声本，纷纷在本子上记下自己遇到的难事。

但是，工人记了"心声"，不一定敢上交。为此，宋小欣又推行了员工代表大会制度。全体员工都有选举权和被选举权，每两个月召开一次大会，员工代表在会上讲话。管理层分析并解决工人的需求，如此工厂协作更为高效。

综合下来，步步高建立了一个可以称为"民主集中"的生产制度。这个制度一方面将经济目标层层拆解下来，完成了厂长的生产目标；另一方面通过民主的代表大会制度，反映工人提出的问题并解决他们的需求。厂长的生产目标与工人的需求并行不悖。

在"民主集中"的生产制度下，工人不再是纯粹的生产工具，而成为更有价值的人才。步步高工人群体中的许多优秀人士获得上升机会，在经历多个职能岗位的历练后转向营销系统，成为市场扩张的中坚力量。正如松下幸之助所说，"我们生产电器，也制造人才"。

1998年5月，经过1年多对20个要素的考察，电话机厂通过官方质量体系认证机构广东赛宝的外审，由ISO 9002认证上升为更严格的ISO 9001认证。[1]

---

[1] 这20个要素包括管理职责、质量体系、合同评审、设计控制、文件和资料控制、采购、顾客提供的产品控制、产品标识和可追溯性、过程控制、检验和试验、检验测量和试验设备控制、检验和试验状态、不合格品控制、纠正和预防措施、搬运储存包装防护和交付、质量记录控制、内部质量审核、培训、服务、统计技术。

年底,段永平带着几位客户到无绳电话机装配车间视察,一边同随同人员聊天,一边随手在临近工位拿起一块机板,准备演示。工人站起来,客气地说:"对不起,你不能拿这块机板。"段永平颇感诧异,忙回头问:

"为什么?"

工人看这几个人西装革履,后面还有车间主管,心中忐忑,鼓足勇气说:"因为这块机板需要防静电,你没戴静电环,这样可能损坏机板,影响品质。"工人一边说,一边举起左手,把腕上的静电环拉了拉。段永平会意,赶紧把机板放下:

"好!好!"

售后服务三步走

› 总部树立样板

在工厂质量管理系统初步建立后,售后服务成为市场扩张的最大掣肘,原来的外销部负责人王亚光转而负责总部的售后服务部。她是段永平的小学同学,毕业于国防科技大学,做事雷厉风行,是步步高创业初期为数不多能说一口流利英语的人。每天晚饭过后,她总会和同事绕着公司走上几圈。

学生电脑成为售后服务部树立样板的绝佳产品。这是电玩厂推出的一款新产品,售价800元,可以实现那个时候上万元的电脑才能具有的部分功能——上网冲浪、编辑电子文档和玩游戏。但是,许多消费者买了并不知道怎么用。这个时候，售后服务中的线下培训，成为学生电脑市场开拓中的核心环节。继VCD播放机之后，步步高再一次发挥将售后作为营销卖点的专长。"800元买电脑，免费学电脑"的口号一经打响，学生电脑迅速热销。同时，步步高在十余个省市设立电脑室，并聘请清华大学计算机系教授编写教材，发给有学习需求的学员。

函授提高了消费者对步步高学生电脑的兴趣。来电脑室学习DOS操作系统和WPS编辑排版的用户排起了长队，售后服务部电脑培训科忙成一团。拆信的姑娘一天剪上千封信件，捏剪刀的手指破了又好、好了又破，起了一层厚厚的老茧。2年时间，步步高电脑函授班办了15期，培训了15万名学员，其中11万名取得函授证书。这些学员的年龄、身份跨度极大，既有正在学习打字的6岁女孩，也有即将退伍的边防士兵，还有72岁的老人。

随着函授班等活动将步步高产品加速推向市场，维修工作量也随之增加。1年间，售后服务中心数量由80个迅速扩张到170个。

为支持各地售后服务中心的运作，售后服务部部长王亚光决定先打好样板，之后向三厂移植。售后服务部先后培训了4期100多名服务人员，为其灌输服务理念，为各售后服务中心买来基本维修工具，建立了一套处理退货和维修的电脑系统，再派总部标兵赴各地辅导，言传身教。

三厂售后服务体系在全国范围内的扩张，就此拉开序幕。实际上，步步高总部此前与代理商之间，主要依靠业务员连接，鲜少有驻地机构，所以与当地消费者是缺乏直接联系的。三厂建立售后服务部门，正好补上这个缺失的重要环节。除此之外，步步高派受过训练的内部员工前往各地，使代理商更受企业文化浸染，在经营风格上与步步高保持一致。

› 分厂搭建体系

李云生在电话机厂生产线上待了许久，终于找到机会转到营销部。

此时，电话机厂营销部刚成立不久，由原亿利达的一位工程师担任部长。开发电话机产品时，李云生常与开发部往来，练就了一身维修本领，因而被营销部部长看中，被纳入负责售后服务的二级部门。在段永平召开的售后服务会议上，李云生问："段总，我们老是跟着别人做，利润空间会不会比较差？"段永平说："我们不要去管挣钱，我们做好产品，做好售后服务，把客户需要的做到，处理好客户投诉，挣钱是自然而然的事情。"

带着段永平的这番话，电话机厂营销部职员李云生开始了到处奔波的日子。

售后服务的第一职能是技术支持，通俗来讲，就是得把机子修好。李云生从生产线走出来，进到办公室，又回到老本行，不过这次不是亲自搞维修，而是负责建立电话机厂在全国各地总代理商处的技术支持系统。每个总代理商需要工厂至少派一个既懂产品原理又会实际维修的技术员。他们负责指导、培训当地的售后服务人员，并将用户体验反馈给工厂。李云生发现维修知识零散细碎，新手学起来有难度。于是，他在上班的时候写了一本系统而实用的《电话机原理与维修》，该书后来成为电话机厂的必读手册，工程部、研发部的人员要看，各地售后服务中心的新手更要仔细参阅。

如果维修不能解决问题，消费者就需要退换服务。以往的通行做法是在哪里买，就去哪里退换，但消费者有时位置变化大，退换起来有诸多不便。步步高采取柜台操作的办法，消费者可以选择最近的服务柜台，终端人员检查机器的关键零部件和整机性能，如符合标准，买家填完三包凭证，即可直接在柜台换取机器。

若维修、退换均不能解决问题，就必须面对消费者投诉了。这是一个有趣却令人头疼的环节。湖南岳阳的一位消费者起诉步步高：电话机串线导致其隐私泄露。李云生站在法庭上听完原告陈述，拿出了监管机构的质量认定证明文件，这场诉讼才算结束。

除了维修、退换两个本职工作，分厂售后服务部还承担了另外两个重要职能。

其一是对代理商的监督。步步高对于串货问题十分重视，各地代理商如发现有异常商品在当地流通，就会报给分厂售后服务部，由售后服务部去处理。

其二是对开发部门的支持。各地发现的技术问题，由分厂售后服务部汇总分析，如发现某问题发生频率过高，他们会通过自动化办公系统直接报告给开发部经理，同时抄送品质部门。

此外，售后服务部门还协助开发部门做联合实验与消费者市场调研。开发部做出新产品，如测试是否耐极端温度，售后服务部则发样机至海南、东北区域市场。如测试新产品的市场接受度，各地售后服务中心会发送一些样机给选定的消费者。待消费者使用一些时间后，步步高的工作人员会登门拜访，调研用户使用习惯、产品性能等重要信息。

从维修、退换、处理客户投诉，到反馈技术质量问题，兼做市场调研,步步高的售后服务部门实际上承担了商品从工厂到消费者使用的所有环节。售后服务体系过于庞杂,电话机厂感受到了系统梳理并以文件沉淀的必要性。李云生接过这项工作,用3个月时间写了一本厚达数百页的售后服务手册。电话机出厂后在流通环节中会遇到的所有问题,都可在这本书中找到答案。这本手册内容丰富,自成体系,在数年内没有做出大的改动。

› **突击巡查**

分厂搭建完售后服务体系,在总部备案的售后服务中心数量剧增。售后服务部部长王亚光认为应宁精勿杂,成立"巡查快速反应部门",检查各地售后工作是否名实相符。总部售后服务部的4名资深职员兼职该项工作,他们经过突击培训后巡查10多天,开始"单飞",远赴各地,展开突击巡查。

巡查的方法各种各样。对于招牌名称、中心地址、电话热线、维修工具配件等基本信息,巡查员"走马观花",抓其大概。对于保用卡是否依规使用,维修服务究竟如何,巡查员"下马观花":有的打电话咨询;有的站在服务中心外面采访顾客;还有的拿坏机扮作顾客调查;有的觉得自己演得不像,便花钱雇当地人一探虚实。做完这两项工作,巡查员方才揭晓自己的正式身份,向服务中心传达公司的政策。

有时巡查员会遇到突发情况,此时便正好为服务中心做表率。一位巡查员到江西,还未摸完底,专卖店突然热闹起来,顾客俨然要和经理打架。巡查员主动上前介绍自己,为对方倒茶水,表示歉意。巡查员了解到,顾客买的VCD播放机是好的,随机送的光碟是坏的,进机器便会卡死。巡查员提议为顾客另换一两部好的故事片，顾客同意。这时，巡查员说："赠送的光碟是礼品，礼品好与坏原则上是不包换的，这和亲戚送礼给我们一样。我征求一下这里的负责人的意见，如他同意承受这盒光碟的损失，给您换几张光碟，那是最好的了。请您稍等片刻。"

围观者听完这番调解，无不叹服。

标王的隐忧

› 步步高成功上岸

完成工厂质量管理和售后服务两大体系建设，步步高在1998年发展迅猛。一年时间，步步高的总员工数和建筑面积都翻了一番。为了有效管理迅速扩张的工厂，电话机厂开始在厂内推行西方成熟的管理工具——MRP 2（制造资源计划）系统。

同时，步步高三厂——AV厂、电话机厂和电玩厂，均在VCD播放机、电话机和复读机产品上夺得全国市场占有率第一。VCD播放机市场竞争最为激烈，市场占有率稍低，复读机和电话机则是一骑绝尘，占40%的市场份额。其中，电话机对市场冲击最大。1997年开始在中央电视台宣传的步步高十信道无绳电话机，因性能良好而风靡全国，直接把原来较为落后的单信道无绳电话机淘汰出市场。

毫无疑问，步步高走出了初期的创业困境，能够投放更大量级的广告。但令人意想不到的是，步步高不断加码的中央电视台广告预算，将令自己面临哭笑不得的局面。

› 标王争霸赛胜出

20世纪90年代，中央电视台广告成为全国性品牌竞相角逐的香饽饽。1995年，为缓解黄金时段电视广告的供求矛盾，中央电视台对每个时段的广告招标，每年出一位"标王"，以亿元为单位的广告商战从此成为北京梅地亚宾馆的一个固定节目。

这使局势不仅没有缓解，反而进一步激化了供求矛盾。夺取了"标王"荣誉的民营企业，一夜之间天下皆知，一年之内销售额实现爆炸式增长，这样的成功案例引来新一轮激烈的角逐。可惜，最大胆的出价者，往往是赌性最强的投机者，他们举牌时阔绰，结算时拖延，产品服务也不尽如人意，有时会爆出严重的质量事故，最终身败名裂，对中央电视台的公信力也造成损害。

1998年，为解决这一难题，中央电视台改革投标制度，使之更加公开透明。原来的暗标被改为明标，年度拍卖变为季度拍卖，企业根据淡季、旺季选择购买。这样一来，中央电视台的广告价格不至于总价过高，一个野心勃勃的企业也无法垄断一年的广告时间。中央电视台的广告投标进化为一项考验商战本钱与技术的赛事。

为应对新的形势，步步高升级了竞争策略。

1998年11月8日清晨，北京梅地亚宾馆二楼多功能厅人满为患，人们交头接耳。不少人将目光投在了步步高总经理段永平的身上，他拿着007标牌，西装革履，不似之前投标时着装随意。

8点18分竞标开拍，到了1999年第一季度天气预报节目后的15秒标板，步步高与长虹激烈厮杀。长虹代表坐在第一排，坚挺地把牌举在空中，看起来志在必得，却频频被步步高举牌冲击。价位升至3700万元，长虹主动出局，步步高胜出。随后三个季度的竞标，步步高放弃5秒标板，专打15秒标板的第一块，相邻的另外一块15秒标板，则是乐百氏频频举牌。竞标结束，步步高投标1.59亿元，位居榜首，成为实质意义上的"标王"。

步步高在中央电视台广告投标上打遍天下无敌手，在代言人策略上也几乎无人能与之匹敌。

2000年5月，步步高与施瓦辛格达成代言合作协议，施瓦辛格出演的广告片主推DVD播放机和家庭影院产品，其平面肖像则适用于步步高所有产品。在请施瓦辛格前，步步高做了半年的市场调查，仔细打着算盘，认为请他有利于提高销售收入。在段永平看来，DVD播放机功能太多，不像无绳电话用一个"方便"就可以概括。这时，施瓦辛格的名人效应便能发挥很好的代言效果，而且卖到海外市场也不成问题，有望提升AV厂的外销占比。除此之外，施瓦辛格的硬汉英雄形象在当时的大、中学生中根深蒂固，有助于复读机产品的销售。①

总的来说，段永平将广告投放视为一门技术，而非艺术。他的原则是"同行不投，我投一条；同行投一条，我就投一条半，始终保持相对优势"。

对同行的相对优势，就是全国范围内的绝对优势。步步高名满天下，很快迎来甜蜜的烦恼。

---

① 段永平希望用10年时间让DVD播放机的外销占比超过一半，后来在一加创始人刘作虎的努力下成真。

› 联手打击"花都机"

1999年10月,河南代理商向步步高反映,郑州市场两种名为"福满堂""全家福"的VCD播放机,包装盒上的生产商竟是花都步步高和广州步步高,销售商在推广产品时故意将两者和东莞步步高混淆,或说是分厂,或说是新产品,或说与母公司有关联。

许多不明真相的消费者看了中央电视台的步步高广告,买了假冒伪劣产品,却打步步高官方的投诉电话,令人哭笑不得。这种冠品牌之名推仿制之实的玩法不只用在步步高身上,金正、新科、万利达皆在其列。被外界称为"花都机"的仿制产品迅速攻陷全国各地,甚至明目张胆地在正牌经销商附近打出"诚征代理商"的广告。令人大跌眼镜的是,的确有人因为更丰厚的利润转投对方阵营。

迫于形势,众厂商联合起来。步步高在广州与各企业一起商讨对策,形成一份紧急报告,送交相关部门。这时步步高副总娄天春已回到北京,接过之前被罢免的一位区域总代理商的工作,转而经营北京市场。他代表步步高参加主题会议,在会上发言:

"VCD播放机生产企业并不只是从自己行业的角度来看待这种假冒问题,如果这个问题不能得到很好解决,必将如癌细胞一样迅速扩散到其他行业和领域,对市场经济秩序造成极大的伤害。"

会后,一篇名为《VCD六企业联手发难,"花都机"算不算欺世盗名》的报道出炉了。在媒体强烈的攻势下,"花都机"人人喊打,工商总局确认其违法行为后,查处了其20多条生产线。

"花都机"风波为步步高敲响了警钟。大手笔的中央电视台广告投放,让那些偏僻乡镇上的居民也对步步高无比信赖,但这个庞大的市场空间并没有被原厂正品填满,反而被假冒伪劣产品钻了空子。

这意味着,步步高仍然有巨大的持续增长的潜力。

但是,步步高要在线下市场增长,就不得不改革运行已久并且结构非常稳固的代理商体系。

这是一件极有难度的事情,不得不慎重。

因为,从根本上来讲,步步高成功的基石即为代理商体系。

代理商体系与步步高的成功

›"共存共荣"的核心准则

要理解步步高的成功,就必须理解代理商体系。要理解代理商体系,就必须理解在步步高创业之初其无比尊崇的学习对象——松下。

松下的事业,始于日本电气工业革命开始的20世纪20年代。在松下幸之助30岁的时候,下属告诉他,市场上出现了一种收音机用的真空管。松下幸之助立马判断"这事能做",做了五六个月,赚了一笔钱。后来,随着真空管市场被劣质产品倾销破坏,松下立刻收手。

步步高对于优良品质的追求,与松下相同。

在松下幸之助看来,成功的秘诀在于"不着急,不在乎表面,工作必须建立在无论从何种角度来说都能成立的基础之上"。因而,松下在早期几乎不进行研发,而是采取复制、追随成熟产品的策略。

步步高采用了与松下相同的策略，VCD播放机、电话机和学生电脑都是市场上已有的成熟产品。

"二战"后，松下进入产品日益繁多的电子领域，松下幸之助推行了利润单独核算、财务独立、生产销售一体的事业部制。

步步高在1997年7月一分为三，三个分厂与总部进行了职能划分，与松下的事业部改革相同。

为保证销售基数，松下幸之助极其重视广告宣传，松下的广告经费占比常年居高不下。同时，松下在全国设置了数万个产品专卖店。在遍布日本的商店里，松下的产品一概不打折。松下幸之助审慎地制定出合适的价格，价格一旦确定，便不容讨价还价。随后，松下幸之助整合松下的销售体系，向遍布全国的代理店实施准备金附分红感谢制度。

1964年，在经营遇到困难时，已退出实际管理层的松下幸之助召集高管和全国代理商在热海开了三天会，史称"热海会谈"。每天开会，松下幸之助都会在两百多张彩纸上手写"共存共荣"四个大字，然后赠给每个参会人员。会后，松下幸之助重回一线，重建与代理商之间的关系。

代理商体系对于步步高的重要地位，与松下相同。

总的来说，步步高和松下都是在事业部产销一体的经营模式下，生产出优良品质的、经过验证的成熟产品，经由代理商在线下强力铺货，最终取得商业成功的。

步步高与松下，段永平与松下幸之助，有着超越时空的相似性。

›代理商体系的成功与隐忧

将段永平设计的销售网络放在显微镜下仔细研究，细微处带着松下的印记。似乎从一开始，步步高就设计好了通往"中国松下"的路径。

20世纪90年代，随着经济体制改革的深化，全国市场初具雏形，代理商体系登上中国商业的历史舞台。无论联想个人计算机、华为交换机，还是三株口服液、脑白金，都离不开代理商群体的强力铺货。可以说，代理商是此时国家商业觉醒中的坦克军团，所到之处，处处播下商品交换的种子。

因为代理商天然处于企业体外，大多数公司并没有将其提高到战略地位，管理工作大多漫不经心。但是，对于步步高来说，代理商体系是主体公司的延伸，其地位和作用，怎么夸大也不为过。

段永平设计的代理商体系，可溯源至他的研究生学习阶段。20世纪80年代中后期，段永平在人民大学学习经济学，特别强调对于经济系统的设计与控制。段永平设计的代理商体系，正是一个严格执行纪律的计划系统的缩影。

步步高的代理商体系，开始于在中央电视台投放广告，结束于终端专柜销售。这个体系的层次开始并不复杂，省级城市为一级，省内地级市为二级，偶有城市为一级半，如深圳。产品从步步高出厂后，由一级代理商向二级代理商供货，一般由二级代理商向终端供货。若地级市地域较广，有时会安排数个批发商转货。代理商不同层级之间加价较少，而终端售价大约为出厂价的2倍多，因为终端需要通过设立专柜、招聘导购、打广告等促进销售，上述成本要求有较高的毛利。

为严密控制这一体系，步步高牢牢掌握各级定价，在产品降价时主动补差价，保证每个环节都能赚钱，大大降低了与代理商之间复杂的价格博弈。

同时，步步高严厉打击串货行为，有串货行为的代理商需缴违约款，严重者会被淘汰出局。每个代理商为提高所负责区域的业绩会进行大量投入，跨区域低价串货，破坏市场秩序。如果不惩处有串货行为的代理商，前期辛苦培育市场的代理商就只是为别人做嫁衣，最终导致下级经销商不敢进货，商品的覆盖半径严重缩小，品牌商元气大伤。相比严格执行"家法"的步步高，其他同行对此漫不经心，大多数品牌商只看着落入袋中的钞票，根本没有心思做精细化的渠道管理。

正是凭借严密的代理商管理体系，步步高才能在20世纪90年代中后期的电子工业商战中立于不败之地，只要产品定义合适，没有不热销的。

进入21世纪后，形势发生变化。步步高的代理商管理体系，原来比较粗放。而且，各省代理商多是"坐商"，占据固定的商业据点，对于市场的触达范围有限，逐渐跟不上市场扩张的需求。

同一时期，西方的营销理念传入中国，宝洁等外国消费品公司发展出一套成型的本地打法。

在宝洁的身上，步步高看到了扩展市场的法宝。

炼成"别动队"地推铁军

›"外来户"沈军发起改革

沈军是一位标准的职业经理人，在1990年从大学毕业后进入宝洁。

他从走街串巷卖洗发水开始，8年时间升到全国市场总经理。在《南风窗》"与成功有约"系列报告会上，他与通用电气中国区总经理同台授课，二人也是仅有的两位职业经理人讲师。

沈军这类职业经理人，对步步高来说，是一个全新的"物种"。

1998年，段永平在朋友的介绍、陪同下与沈军在广州见面。三人去看演唱会，演唱会结束，段、沈两人还没聊完。沈军被段永平的个人魅力吸引，很想和他一起工作。

进入步步高后，沈军直接向段永平汇报工作，是公司唯一的空降高级职业经理人。

代理商是跟着段永平打天下的，从心里抵触沈军这个"外来户"。在代理商大会上，段永平对台下的人讲："你们谁都能动，就是不能动沈军。"他拿着沈军发给代理商的营销册子，十分欣喜地说：

"别小看这套东西，这些都是我们的财富，我觉得它价值上百万元都不止。我希望大家理解、运用好它，当然也要保存好它。"

有了这个价值连城的营销册子，还远远不够。

› **组建"别动队"**

1999年，沈军开始组建步步高"别动队"。段永平亲自面试、招聘了6名应届毕业生，沈军先对他们做了一轮培训。

2000年，"别动队"已有10名大学生，沈军安排其中两人做培训讲师。

之后，步步高在3个分厂贴出招聘启事，无论何种学历、岗位，皆可来应聘"别动队"成员。

李云生在售后服务部历练多时，终于等到机会，这是一个彻底转向销售岗位的良机。

沈军的面试是第一个环节。这不太像一场面试，而是长达半小时的警告。从原岗位转到"别动队"，要降薪！生产线上的工人干得好，1个月可拿到近2000元的工资，但"别动队"成员的工资一律是600元。面试的问题很简单，中心思想是："你敢不敢干？'别动队'的工作很辛苦。"

接下来是为期2周的理论素养培训。讲师要求，"别动队"成员上街，至少要背10千克重的书包，计算器、笔记本、钢笔、摆放在门店的卖点广告（POP）物料等都是这个书包里不可缺少的。还有一样东西，"别动队"成员不能忘记，那就是抹布。如果遇到一家销售步步高产品的夫妻小店，他们的电话机蒙上了灰尘，"别动队"成员就要拿出抹布，仔细地将步步高的产品擦拭干净。

虽说是营销理论培训，但所有的知识都是关于实践的，"别动队"成员分成多组在办公室演习，模拟方寸之地发生的营销战争。这番洗礼是震撼人心的，不知不觉间，李云生大脑中的知识构成发生了变化，技术部分占比急剧缩小，直到被逼进了一个小角落，剩下的没有边际的空间，全是营销。

理论考试颇为简单，产品知识和理论素养没什么难人的问题，"别动队"成员松了口气。

最艰难的是"扫街"，这是培训的实战部分，为期1周。李云生手里

• 143

攥着公司发的15元钱，疯狂地在深圳街道穿梭，他1天要完成至少20家电子产品卖场的信息收集工作。

沈军规定，不得提前向卖场打招呼。一大张空白表格上，对卖场的调研细如牛毛：有哪些品牌，售价如何，店面柜台老板是谁，主推哪些产品，主推产品的特点，有哪些步步高的型号，销量如何，从哪里进货，进货价格多少……在宝安区西乡街道的一个商场，李云生被当成了小偷，因为他的行为举止在商场保安看来的确可疑：

"专盯电子柜台，一会儿跑得很近，像瞅中了价格昂贵的电话机，一溜烟又看不见人了，躲到商场外面用钢笔在纸上记什么东西，关键是他还有一个很鼓的双肩背包。"

李云生只有苦笑，没想到自己会被商场保安误会。他也来不及多做解释，急忙奔赴下一个卖场。

中午，李云生拿出5元钱，在街边买盒饭，吃了几口，再买一瓶水，咕咚咕咚往肚子里灌。下午，他跑得越发勤奋，已经十五六家了，汗流浃背，气喘吁吁，心想："要不打辆出租车去踩点？"数了数裤兜里的硬币，也就剩一支烟的钱了，只能作罢。

"扫街"很辛苦，不少人止步于此，又回到工资较高的原岗位。

实战培训不只是体力活。忙碌一天后，李云生简单吃过晚饭，开始写总结。领队要求，总结不能有一句虚话，所有的文字应该都是数字语言：今天完成了什么目标，发现了什么问题，如何改进，明天的计划是什么。领队收上所有人的总结，当晚开会逐个点评，如表现优异，则进行嘉奖。

为期3周的培训结束，步步高在2000年组建了80人左右的"别动队"，成员年龄均在25岁左右。

真正的硬仗马上就要开始了。

›集中优势兵力打"歼灭战"

培训结束后，李云生被分配到了唐山，接替电话机厂上一位老"别动队"成员。

他一人负责唐山的电话机市场，四处奔波，3个月下来，早已将唐山市地图牢记于心。之后，他被调往附近的天津市场。

李云生这样的调动属少数。

"别动队"派遣队员基于代理商和步步高之间的共识。排名靠后的代理商，从甲A降至甲B，降级意味着商品采购价上升，这会开启恶性循环，越是卖得差，采购价越会上升。因此，一些力求上进的代理商向总部要人，各分厂领导也积极配合，向代理商处派人。不过，"别动队"成员不是免费的，资源有限，代理商需支付每人一年8000元的费用。

沈军派遣"别动队"成员，遵循集中优势兵力打"歼灭战"的原则。刚开始，二三十人通常被派到一个总代理商处，先做好样板，其他代理商看到"别动队"的成效，学习营销经理人的经验。于是，先进的西方营销方法逐渐在全国市场普及。

步步高在北方市场表现较差，东北与华北是"别动队"需要攻克的地区。

领队到了总代理商那里，带领"别动队"成员先在全省进行地毯式调查，一切围绕销量展开。首先是对分销深度的拓展，"别动队"力求占领省会城市的每个卖场，占据尽可能多的展位。在一个城市进行扩张时，同时确定好该市场的主推产品策略，提高单位面积销量。攻下核心城市后，"别动队"开始拓展分销宽度，走遍全省的市、县、乡镇，务求全方位覆盖。

"别动队"最初出动时，沈军必来检查。他性情内敛，非常严肃，发出的所有命令，"别动队"成员必须全力执行。目标已定，他不接受任何形式的讨价还价，不接受任何借口。

沈军的到来，使当地"别动队""如临大敌"。沈军不按常理出牌，也不是那种坐在办公室里听汇报的领导，他会随机参加市场月度、季度会议，在会上询问一切：进货、销售、分销深度与宽度、终端网点地图、扩张的合理性……他走进一个大卖场，以顾客的视角观察终端陈设、主推产品的竞争力、卖场氛围、导购人员的状态。有时，沈军客串导购，站在步步高柜台接待顾客，询问当地顾客对步步高产品的印象，并殷勤地介绍顾客感兴趣的产品。

› **"别动队"成员独当一面**

在沈军的魔鬼式训练下，"别动队"飞速成长。李云生心里有底，对销售工作越来越有信心。经过在河北、天津、河南几地实战后，李云生来到湖北荆州。当地代理商向他诉苦，步步高在国美电器只有一节柜台，而竞争对手有三节柜台，产品价格只有步步高的四分之一，自家产品很难卖得出去。

哪里的竞争最激烈，就冲到哪里。李云生找到最难啃的骨头，前往商场。

李云生在商场发现，货架商品的摆放有问题，消费者很难注意到自家的主推产品。李云生告诉代理商，人眼的注意力一般在30°上下，在这个黄金视野之外，商品不易被察觉，因此应把主推产品放在与人身高齐平的地方。货架最底层不要摆放任何商品，而是放上彩盒等装饰品，把消费者的眼球吸引过来。

看完货架商品陈设，李云生来到步步高销售柜台前。顾客走到跟前，导购竟然不喊"欢迎光临"，整个商场都没人喊"欢迎光临"。

李云生打定主意，决心好好演示一番。有顾客走近柜台，李云生喊了一声："欢迎光临步步高。"这是一颗炸弹，临近的电话机柜台导购窃窃私语，像看猴戏似的。李云生让步步高的导购跟着他喊，他说："没关系，我们自己坚持就好。"

顾客逐渐聚集到柜台前询问。李云生询问清楚顾客的需求，向顾客推荐了几款主推产品。步步高的电话机采用ABS工程塑料，非常结实。李云生拿起一个电话机，说："我们做一个现场实验，产品自由落到地面，捡起来坏了，算我们步步高的，没坏，您挑一个买走。"

"砰"的一声，电话机掉到了地上，看热闹的人越来越多，围着步步高柜台形成了一个半圆。

李云生对电话机技术极其熟悉，他循序渐进，逐个讲解自家产品的优势。如果中老年顾客居多，他就模仿一个耳朵不太灵敏的老人，突出语音通话清晰的卖点。他几乎可以把电话机产品手册从头到尾背下来，但一般按照"特、优、利"（特点、优势、为消费者带来的利益）分析法，只讲三到五个卖点。

一套组合拳下来，步步高柜台一天卖了七八部电话机，临近柜台只卖了两部，相当于半部步步高电话机的价值。到了第三天，临近柜台的导购开始喊"欢迎光临"，最后，整个商场的导购都喊起了"欢迎光临"。荆州的终端销售情况就此逆转，整个湖北市场在"别动队"的帮助下增效明显，在此后的考核中一直维持在甲A级别。

› "转会"：从主体公司到代理商

"别动队"解决的不是短期内的个别问题。总部对"别动队"工作的考核，非常重要的一条，是"别动队"离开后，代理商是否仍然维持良好的业绩增长态势。人走了，代理商业绩往下掉，将直接影响"别动队"成员自身的业绩与晋升。

"别动队"的最终目的，是在代理商处建立长效的营销体系。

李云生每到一地，便清查库存，与导购沟通，确定畅销、滞销品类，对现状了然于胸。

根据代理商的销售与利润目标，李云生针对代理商的弱项进行培训，将沈军的营销体系移植到当地，拜访门店和大卖场，要求拓展人员合理规划拜访路线，反复演练公关话术。

一天工作完毕，销售人员需仔细填写报表。这是一份详细的工作日志，精确到每个时间、地点、工作内容及成效。销售人员每日反复练习、总结、改进，形成深刻记忆。最终，步步高建立起运转严密的销售系统，目标明确，指令明晰，动作如一。

到了2006年，"别动队"已为代理商建立起完整的营销系统，档案登记、导购激励、绩效考核、企业文化等，几乎无所不包。

由总部管理的"别动队"初步完成历史使命。沈军回到AV厂，早几届的"别动队"成员分流，有些人回到分厂，走之前为代理商确认接班的职业经理人；还有一些人留在代理商处主管营销工作。从步步高到代理商职业角色的转换，被称为"转会"。①

转会，意味着"别动队"成员解除与步步高的劳动合同关系，成为代理商的销售管理者。他们与代理商之间达成协议，一般按照一定的百分比，从一年的营收、利润中提成，作为自身收入。追随段永平创业的老一代代理商逐渐从舞台上退出，他们作为大股东一般很少过问具体销售事宜，转交步步高培养出来的"别动队"成员打理。随着信任加深，一些"别动队"成员有时全面负责一个区域三厂产品的所有销售工作。这些转会的"别动队"成员工每年定期开会，接受步步高总部的考核，表现较差的会被代理商换掉。

对步步高而言，沈军第一次将西方的营销理论进行实践，打造了今后20年的营销体系基础。沈军用魔鬼式训练方法，锻造出了足以成团的"沈军"，这些人分散到每个市场后，成为作战能力极强的单兵，也同样是可以训练出营销铁军的将帅。步步高的营销队伍实际上采取了"分形繁殖"的方法，保持了源源不断的战斗力。

---

① 不同于绝大多数"别动队"成员的选择，李云生想做一些不一样的事情。他掌握了营销的利器，对如何开拓市场充满信心。万利达羡慕步步高训练出来的这支"别动队"铁军，找到李云生，让他负责培训营销人员。万利达和步步高的产品类似，去万利达不如留在步步高。最后，李云生选择在深圳家居卖场富之岛，担任营销副总监。他在步步高学到的诸多技能悉数派上用场。

基业长青："本分"的经营哲学

›"本分"的道

步步高于1995年成立，在1997年一分为三，在2000年组建"别动队"，到2006年基本形成线下营销网络，约10年的时间，构建了一个强大的电子工业系统。

步步高十多年的"基业"大多数为后来的OPPO、vivo、小天才等步步高系公司继承，沿用到今天，依然具有旺盛的生命力，且不断自我革新。

在基业长青的背后，是段永平在创建之初就格外重视的企业文化建设。

在段永平看来，管理制度永远存在缺陷，只有坚实的企业文化才能够弥补制度的漏洞。

在创业之初，步步高就力图塑造简单、形象和容易引发共鸣的企业文化。段永平每年定期召开几次高管会议，不做笔记，不用白板，更不谈营收目标，也鲜少讲经营细节。

段永平的谈话大多数是务虚的，往往有感而发。

段永平对于企业能做什么、不能做什么有清醒的认知。他说："国家的政策法规犹如一个圈，有些企业待在中间，什么都不敢做，没有创新。有些企业则相反，老喜欢在圈的边缘疯狂试探。两者皆不可取。"他对同期疯狂扩张的同行充满警惕。步步高一直待在合适的圈子里面，没有出问题。

对于企业应该怎么做，段永平的口头禅是"敢为天下后"。这一思想起源于道家哲学，《道德经》第六十七章说："我有三宝，持而保之：一曰慈；二曰俭；三曰不敢为天下先。"为宣扬这一思想，段永平专门请来了一位对此钻研甚深的人士，让他给步步高的员工讲授道家哲学。

对于企业具体做什么，段永平刻意避开外国大厂的"火力范围"。他认为，要取胜，硬碰硬肯定不行，只有在局部越做越强，直至胜过对方，才能谋求进一步发展。

确定了能做什么、应该怎么做、具体做什么，步步高能够保持在正确的航向上。接下来，段永平进一步诠释了具体的经营之术。

› **"本分"的术**

在1999年步步高企业报《步步高人》的"与经理谈话"专栏第一期中，段永平开宗明义，简洁明了地阐述，只有本分才能实现步步高的企业宗旨——"谋利于社会，服务于社会"。

在段永平看来，企业由员工组成，靠其生产的产品与社会发生关系，从而形成一个环环相扣的"链条"，缺一环不可，如下图所示。

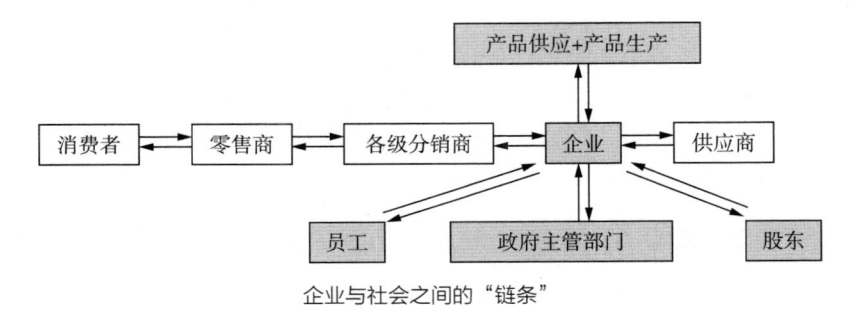

企业与社会之间的"链条"

要实现企业宗旨，就要对这个"链"守"本分"：

<u>为保证品质，不合格的产品绝对不可以出厂，无论有多大的损失；企业无论资金如何紧张，无论面临多大困难，都不能拖欠或无理克扣员工一分钱工资；为经销商制定公平合理的销售制度；使股东投入之股本有高过社会平均报酬的合理回报。</u>

唯有守本分，企业发展才能有一个坚实的"最基本点"。

分析段永平所说的"本分"，可以大致分为四点。

第一，产品质量过关。段永平不厌其烦地对员工讲产品质量的重要性，对前来采访的记者讲，产品质量占企业成功的八成权重。为了保证步步高产品的质量水准，三个分厂的质量运动保持常态化，由此培养出一批素质过硬的生产管理干部。

第二，对员工好。在这一点上，段永平格外注意在公司内维持良性的人际关系。他在高管会议上提问，有的高管答不上来。为避免尴尬，他会自然地转移话题，接着开会。有一次开高管会议，有人说："后勤部门对工厂支持力度太小，装修买什么东西，总是又慢又贵，是不是有什么问题？"发言人的意思是，老员工掌管的后勤工作似乎不够廉洁。段永平听了，说："能坐到我们会议室里的人，都有起码的素质，要信任。"

第三，对代理商好。这一点很难做到，需要做到以下三件事情：

一是不伤害代理商，这一点就很难。当营销部门不满代理商的时候，究竟能不能撤换对方？这种情况是很常见的，步步高也的确遇到了。营销副总沈军刚推行改革的时候，他的下属建议撤换某代理商，段永平当即制止。也就是说，不仅代理商不能干预公司总部的营销部门工作，营销部门也无权干预代理商工作，双方的矛盾由公司总部管理层解决。这个互不干预的底线是需要守住的，因为一旦有一方越界，便可能引发无休止的斗争。

二是维持非常高的品牌曝光度。如果没有中央电视台的广告，步步高的产品无法铺到每个有需求的地方，消费者就会购买其他同行的产品。代理商挣不到钱，销售终端也无法迅速铺货。

三是做好线下终端营销体系。这个重要性是比较好理解的。没有数万个包括专柜、专卖店在内的品牌独占的销售终端，步步高无法回收现金，多级代理商体系也就土崩瓦解了。但要激活线下终端的活力，需要营销部门建立一个健全的运营系统去帮助代理商。

四是对股东好。步步高的股东结构非常庞杂，其中有宏碁这样的战略投资者，也有创业之初支持段永平的东莞当地人，还有代理商、高管和普通员工。2000年6月，步步高成立工会，是长安镇民营企业中首家成立工会的企业。后来，工会委员会成为OPPO、vivo、小天才等步步高系公司共同的持股载体。对于利益相关方众多，且有一定人员流动性的电子工业公司来说，工会持股较为便利，员工进入和退出比较方便。随着步步高的发展，工会委员会逐渐完善了内部估值、分红、转让等系列制度。①

对于电子工业的参与者来说，在一段时间内做到"本分"并不困难，最难的是一直做到。后来，步步高系公司在发展过程中对此做了相应的人事制度安排。

---

① 步步高总部销售部原部长唐桂光任首届工会主席，电话机厂厂长沈炜和AV厂副厂长金乐亲任副主席。

步步高员工满45岁后可以从职能岗位上退休，保留股份和分红的权利，其位置交由从学校招聘的年青一代。或者，老员工可以在适当的时机，根据总部的市场扩展需求和个人意愿，前往各地担起代理商的角色。一般来说，在总部强大的营销系统支持下，做步步高的代理商是一件稳赚不赔的事。

因而，在步步高的经营机制成熟之后，员工、代理商和股东这三个角色，其实在很大程度上是一体的，大家的价值观和身份认同高度统一。于是，随着步步高系公司的发展，相当数量的步步高人散布在全国和全球范围内，有的成为一区一市的代理商，有的成为海外某国的代理商。发展到现在，步步高系公司构建的商业网络的承载能力，早已超出电子产品的范畴。[1]

专题讨论：步步高社区的形成

段永平在1995年将工厂建在东莞市长安镇乌沙管理区，三厂在2000年左右自成体系，步步高在乌沙形成了一个包括工人、保安、公司职员、经营管理层的万人规模的社区，其中工人占绝大多数。

20世纪90年代中后期，随着国企改革的大力推进，以往提供医疗、教育等社会职能的国有工业企业制度面临很大的挑战。同时，外资企业

---

[1] 极兔速递创办人李杰原是步步高系公司OPPO在印度尼西亚的代理商，后利用当地资源创建了极兔速递。

进入国内市场，国内工业企业有了更多借鉴参考的样本。在这个背景下，市场经济下的工业企业如何承担社会职能，成为一个全新的课题。

从1998年开始，步步高创办了一份名叫《步步高人》的企业内部报纸，上面翔实地记载了步步高各个方面的活动。内刊除了登载日常的经营管理活动，还有相当数量的诗歌、社区活动和工厂治理等由基层人员和中层人员自发投稿的内容，较为集中地反映了世纪之交步步高社区的风貌。

笔者凭借乌沙管理区出版的《乌沙志》和贺向阳提供的从1998年3月到2004年11月的15期《步步高人》，系统地梳理了步步高社区的方方面面，本专题分为以下五个部分讨论步步高社区的形成。

一是选址乌沙。该部分主要讲述乌沙管理区的形成与发展，以及段永平选址乌沙的原因。

二是工人的进厂、工作与晋升。该部分提炼了一个典型的工人形象，以其在步步高工厂前后的经历，描绘工人群体的普遍画像，阐述工厂的治理。

三是步步高社区的管理。

四是"保安新政"。该部分根据贺向阳和企业报的记载，梳理了步步高副总经理娄天春整顿保安队的故事。

五是企业报与价值观塑造。该部分以《步步高人》主编黄河发表的文章为基础，总结了企业报与步步高价值观之间的关系。

选址乌沙

在段永平来东莞为步步高考察选址之前，乌沙管理区经历了三个发展阶段。

一是改革开放前，乌沙以农业为主，但农业增产收效不大，一些居民前往香港地区定居。

二是改革开放初期，大量赴港居民回到乌沙投资工业。据《东莞市地名志》记载，20世纪80年代中期，一些赴港居民受乌沙优惠的招商引资政策吸引，回到乌沙开办制衣厂、电话线厂、玩具厂等"三来一补"企业，为乌沙本地居民树立了致富榜样，一些本地人也纷纷开设工厂，从事加工贸易。

为促进工业发展，乌沙管理区积极建设工业厂房、办公楼和道路，并在1988年花费近10万元绿化街道，还在1989年成立了东莞市乌沙香港厂商联合会。

三是20世纪90年代初，随着工业收入成倍增长，乌沙管理区逐渐注意到土地资源紧缺的问题，开始有意识地重新规划设计。

管理区请来广东省建筑设计院专家，对中心区2平方千米的区域进行全面规划，按工业区、生活区、商业区分类布局。

1995年，正值乌沙发展的第三阶段，步步高选址在此有诸多好处。

首先，乌沙人积累了一定的资本，一些本地人在段永平创业起步阶段投资了步步高。

其次，管理区工业环境优良，规划有序，交通便利，政策优惠。当时，有人将乌沙称为"广东第二村"。为了营造更好的营商环境，乌沙管理区、四个村民小组与私人股东投资5000万元，兴建了占地10多万平方米的乌沙大酒店，酒店内设餐厅、娱乐室、宴会厅、会议室等，设施齐全，服务到位，1995年6月底开业，成为步步高员工办公和举办活动的首选场地。

最后，乌沙向来对外地人友好。步步高大量招工，需要良好的外部环境。因本地劳动力稀缺，乌沙很早就吸纳了大量的外地年轻人，本地人和外地人相处和谐。1996年，乌沙辖区内的江贝村民小组设立了长安镇首个外来员工福利基金会，可为步步高招募的众多工人提供额外的保障。

因此，段永平最终将步步高工厂定在了乌沙管理区，厂区主要位于江贝村民小组。工厂落户后，步步高为江贝每户家庭安装了一部电话，使其成为长安镇第一个电话村。

工人的进厂、工作与晋升

步步高设厂乌沙的时期，正值SMT贴片工艺对电子工业产生革命性影响。

SMT贴片工艺传入我国后，大大提高了插件工作的效率。此前，工厂要完成插件，需要很多工人在生产线上逐个将上百个元器件插到电路板上，随后用高温炉焊接。随着精密元器件微型化，之前较大的元器件变得像芝麻一样小，此时人力的效率便不如机器了。SMT贴片机将众多电子元器件高精度自动焊接到电路板上。当时国内的游戏机鲜少采用

SMT贴片工艺，小霸王注意到其高效率，将该工序外包，以节省人力。随着产量剧增，小霸王自购了SMT贴片机。

<u>段永平创立步步高后，沿袭了小霸王的工作模式，一开始就设立邦定厂，负责SMT贴片工艺。</u>

单设邦定厂有三点考虑。第一，SMT贴片自动化是长期趋势，所有电子元器件都可自动贴在电路板上，外包工厂产能有限，自建工厂可满足长期弹性生产需求。第二，虽然人力成本较低，但人工操作出错的概率较高，残次品多，而自动化贴片出错概率低，节省售后服务的成本。第三，电路板承载所有重要的元器件，把贴片工序整合进来，方便后续的产品设计，可最大限度地满足消费者需求。

SMT贴片的规模化使用，使用工结构发生变化。之前，人工插件要求眼力好、心思细密，因而工厂多用女工。这一环节自动化后，人力工时减少，产品的周转率加快，女工被分流到屏幕、电池等其他较大的零部件插件环节，在工厂中的比例有所下降，男工比例则相应有所上升。

› 一个典型的男工画像

流水线上的青春

将流浪的艰辛

在心头，烙上深深的印

用锡丝

连起的是正极和负极

连不起的是家乡和故里

总以为电话是拨向家里
铃声响起却无人以对
用仪器
测出的是错与对
测不出的是悲和喜

纸箱不停地包装梦幻
打包带无尽地缠绕思绪
用胶纸
封住的是往事和记忆
封不住的是激情和勇气

流水线上的青春无悔
长存的是我们跋涉的足迹

　　松站在厂区门口的电话亭。电话拨了许久，没人应答，他的心里空落落的。这是他来广东的第100天，在一个现代化港资工厂工作的第一天。白天在流水线上伏案劳作，他第一次在异乡有了一种安定的感觉，但下工后，右眼皮又跳了起来。

　　松出生在山西省太原市杏花岭区的一个工人家庭。因家庭原因，他不得不中断学业到广州打工。刚出广州火车站，他就看见一个扒手在人群中对别人下手。他过去拍拍那人的肩膀，却被对方瞪了一眼。

　　在火车站糊弄一晚，松早上起身，心里打定主意，一定要在一个星期内找一个有宿舍的工作。广州的盛夏烈日炎炎，他在招工栏前雄心勃勃地撕下那些工资较高的工作，往嘴里胡乱塞了几口路边买来的饭团，拿着纸条跑到厂区面试。面试官一开口就要高中毕业证。他有点怯，手在皮包外边蹭，好一会儿才伸到里面，取出了自己的职业高中毕业证书。令他喜出望外的是，那人问他："什么时候来上班？"

进了工厂，他干活儿不熟练，在生产线上老是犯错，有老员工骂他笨。此刻的他就像离家的孤雁，伤心，无助。

不用说，他被炒了鱿鱼。一位好心的工友告诉他，应该去那种会培训新员工的企业，起码能攒点经验。

这的确是一个中肯的建议。于是松到了一家港资工厂。时间久了，松在生产线上的经验增加，可他越来越无法忍受工厂的噪声。这个声音不是机器发出来的轰鸣，而是环绕在耳边的一阵阵抑扬顿挫、时高时低的叫喊声。一股强烈的想离开的欲望在心里萌生，他迫切地想离开这个是非之地。

这时，一位熟悉的老乡告诉松，有一家东莞的工厂对工人很好，是一条明路。

› **进厂工作**

松离开那家港资工厂，进入步步高工厂，成了一名焊接工人。

第一次开会，组长对大家说："老员工一定要耐心教新员工。"第一天上班，松还是像往常一样笨拙。他对自己有点生气，生怕丢了这份工作，紧张得满头大汗。这时，身边的老员工侧过头来笑眯眯地看着他，安慰他道："不要着急，刚来的时候都是这样的。"他一下子不紧张了，两只手端着元器件仔细琢磨，再细细翻看作业指导书，终于焊好了一个板子。过了一会儿，后面斜对角的组长被叫去接听电话，主管竟然坐下来顶位了。松不时往斜后方瞄，只见主管手有些生疏，却十分认真。旁边的工友一开始偷笑，但见主管一直埋头做事，便都严肃起来。

平日组里的工作，主要是由一个类似预备组长的角色——侍应生——管理的。刚上班时，他焊坏了一些板子，侍应生拿过来，气呼呼地说："你怎么搞的？全是姓高的！"他疑惑地抬起头，说："姓高的与我焊板有什么关系？"侍应生被气笑了，指着板子上一个特别高的焊点说："姓高的，你不知道？"他反应过来，忙拿过烙铁，把那个高点焊平了。有了这一面之缘，他"害"上了相思病。每天十分钟的早会，他都躲在后排用余光扫侍应生，心不在焉地听她对前一天卫生、纪律、产量、质量等情况的通报，一听到那句"我的扣分条是不愿向你们出售的，希望你们不要来买"，他就想冲到前面说一句：

"我要买扣分条！"

第一次在东莞过年，松从总经理手里拿过开工红包，开心极了。可看到长安镇上多如牛毛的招工广告，他心里又犯了痒痒，外面多的是工厂，说不定比步步高更好。直到一位年前离开的工友来看他，松才如梦初醒。

这位工友离开步步高两个月，光找工作就用了一个月，外面没一个亲朋好友，只好寄居在别人家里。无奈之下，他进了一家皮具厂，基本工时1.2元，加班工时1.5元，500多元的工资有时都不能按时发放。厂里的伙食也是异常的难吃，平日只有两个菜——黄瓜和冬瓜。在工作中无意损坏一个产品，就要按出厂价的1.3倍赔偿。

匆匆聊了1小时，工友便急着回宿舍，因为关门很早。望着工友憔悴的背影，松开始珍惜步步高的生活：食堂的饭菜可口，每个月450元的基本工资，加班工时2.5元，每个月15日准时发工资。

工作之余，松写了一首诗——《我们是普工》：

永不停息的流水线
永不停息的时间
在这里
我们荡起了梦想的帆船

像待嫁的姑娘绣花一样
丝毫不差地点缀着一个个零件
一丝不苟的眉头挂满了期待——
期待能够为未来编织出五彩缤纷的图案

我们是普工
可我们拒绝怨言
怨言是令人倦息的港湾
我们更不需要怜悯
怜悯只能带来无谓的感叹

永不停息的流水线
早已注定帆船不能抛锚不前
永不停息的时间

催促我们寻找幸福的源泉

我们是普工
我们是银河里的繁星点点
却同样璀璨
我们是普工
可我们的梦想
却伴随着流水线一直向前

› 工人的职业晋升

"今天你不努力工作，明天你将努力去找工作。"

电话机厂无绳装配A组组长眉头紧锁，上楼的时候看见这个标语牌，不知道如何开展先进评比工作。上级给组里分配了三个先进名额，要说先进，80%的员工都能上榜，他们月月苦干，各项工作都走在前头。到了工位上，A组组长对众人说：

"手心手背都是肉，现在只有采取无记名投票方式，相信大家的眼睛比我更亮！"

经过1小时的投票，众人推举出来3人。

一是物料员阿科。车间投放物料是一个非常紧张的工作，先得去上道工序班组领料，每小时盘点本组所需物料，不能缺。供料的时候，阿科就像一台高速运转的电脑，一边调取每种物料的型号、用途和数量，一边密切关注是否有混料，一边在不同物料上贴好标签。填好报表，心里还需时刻设置一条坏料红线，只要达到一定数量，就立即退回仓库。

二是维修员阿华。他进电话机厂时对机器一无所知,被安排做焊接工作。对着电路板,他好像要钻到那一个个焊点里面,一天下来,眼睛都有些红肿。熟悉了电话机的结构,他被安排做外观质量管理员,送来检查的电路板,凡是经他检查过的,没有一个返检。由于进步神速,不到一年,他又被调去做维修,这是男工里面最好的工种了。他抓住机会,下班找来各种书籍,认真阅读,并将科学原理与实践相结合,他修过的电路板没有一个坏的,而且每日均无坏板存货。主管看他如此勤奋,称赞他任劳任怨,不可多得。

三是半成品插件质量管理员鸳。有了 SMT 贴片工艺的助力,步步高的插件工作量已大量降低,一块机板分配给每个人只需插几个元件。这个工作单调重复,但生产线流水作业,速度快,稍有迟缓,便可能造成拥堵。为了避免尴尬,工人难免将元件插反、插错。尤其是三极管的三只脚,很难插。鸳统计分析每天收集来的各类错误案例,在工作之余与姐妹们讨论插件诀窍,终于使每天20件左右的次品减少到1件。

工人应该是工厂中的生产资料,还是他们本身就应该是目的?

一个在广东打工的人,一个普通的男性工人,出路是什么?

松每日翻看企业报《步步高人》,为报纸编辑黄河的笔法折服。黄河有一支好笔杆,还善拍照。在最新一期的企业报上,他讲了一个名叫丽的江西姑娘的故事:

她初中一毕业,就进入一家服装厂做工。没有任何技能的她,任务是剪做衣服时留下的线头。繁重、枯燥、单调的生活没有磨灭她好学倔强的意志。空闲时间,当别人无所事事地谈天说地,上街看电影、看录像、谈情说爱的时候,她一个人在宿舍里就着昏暗的灯光阅读有关服装设计的书籍，一遍遍地绘设计图。她的好学引起了公司的注意。一年多后，她设计的服装在香港服装展示会上获奖，为公司赢得了大批的订单。她现在是这家公司的总设计师。

松为这样的故事感到惊奇。不过，他很快意识到了未来职业的可能性。

AV厂的生产部部长曾焕章只有小学学历，在小霸王工厂从工人干起，步步高建厂时成为车间主管，到分厂成立的时候，已是生产部部长了。他请了一个文化程度高的助手帮他写字，在车间办起了企业文化黑板报，陈明永看到极为欣赏。工厂内部所有的管理岗位，大多数是像曾焕章这样，从打螺钉、做搬运工开始的，如果干得不错，三五年即可晋升到管理岗位。

步步高社区的管理

步步高工人文化的出发点，以满足工人需求为目的。正如一位中层干部所说，企业解决员工的问题，员工解决企业的问题。实现经济意义上的目标是办企业的基本要求，企业还应肩负起社会责任。

满足工人的基本需求是排在第一位的。

步步高在厂区设有信箱，企业报上也有"心声信箱"栏目，工人如有需求、意见，可随时投递。工厂给工人发工资，以往以现金形式，怕工人把钱弄丢了，改为用银行卡发放。一些工人没有办卡、用卡的习惯，反映领工资困难。公司当即将发工资改为发现金和银行代办相结合，工人领现金后存银行亦可。一位插件女工希望领导在妇女节有所表示，原以为人微言轻，自己并没有当回事。妇女节那天，步步高给所有女工发了一包爱丽丝卫生巾，原来公司高层已经注意此事了。

电玩厂一位年轻女工在车间劳作时忽感头痛剧烈，经乌沙医院诊疗，发现她患有先天性大脑血管畸变病症，所需手术费用高达10万元。这位女工的老父亲匆匆变卖家产，赶到病床前，陷入了一筹莫展的困境。步步高员工医疗基金会负担七成费用，其他三成费用仍有2.5万元。电玩厂为此专门从广州请来专家为她诊治，工厂办公室同时发起名为"一个生命的希望"的募捐活动，补上了资金缺口。

满足了工人的基本需求，接下来是其他精神文化需求。步步高工厂生产部的部长和职员对此尤为在意。这一部门的职责，除了完成生产指标，还需担起组织文体活动的责任。或者说，生产部组织文体活动，同时服务于生产目标。步步高各厂的生产部部长都精通文体活动，甚至可以兼领一个文体部部长的头衔。

步步高的文体活动大体分为以下三类。

第一类是日常生产时的调剂。曾经有工人建议办一个广播站，但公司各部门工作性质不一，工作时间也不尽相同。于是，步步高总部建立了一个比较大的阅览室，以满足工人的业余需求。电话机厂的生产部部长宋小欣，特地让办公室给各车间班组发放调查表，根据调查结果，到各处采购书籍。最终，电话机厂建立了一个配备卡拉OK设备的娱乐室，晚上6点后开放，工人们既能在此借阅书籍，还可一展歌喉。旋转彩灯、饮水机和消毒柜等一应俱全，工人们下了班足以办一场舞会了。

第二类是周期性的集体文体活动。AV厂的生产部部长曾焕章尤其善于策划晚会，总能调动员工们上台献唱。生产部号召工人自编自导舞蹈、小品等节目，有时员工会即兴用小号演奏一曲。晚会收尾，众人齐唱《步步高》司歌。编辑黄河有一次亲临AV厂晚会，深受触动，特意在《步步高人》总结道：

"这种员工自发组织的活动有三个特点：一是耗时少；二是耗财少；三是参与面大，值得提倡。丰富员工业余文化生活，并不一定要搞大场景、大动作，而应该做到实处，电话机厂搞的拔河比赛、电玩厂成立的企业文化小组，就非常有意义。"

第三类是重大节日联欢。1999年春节，步步高90%以上的员工没有回家，留在厂里继续搞生产。除夕那天，步步高全厂工人通过两台电视机、一台投影机，一同观看中央电视台的春节联欢晚会。大家嗑着瓜子，吃着糖果，几千人在一起过年。那年正是步步高在中央电视台投放广告的巅峰时期，公司形象代言人李连杰上台表演节目、步步高零点报时时，全场欢呼雀跃。工人给老家的亲人打电话，父母感到安心：

"孩子，我们看到你们步步高的广告了，真精彩，又听到了步步高的贺电。你在那么出名的公司上班，我们很放心。叔婶和邻居们都很羡慕你，都为你高兴。"

就这样，中央电视台的春晚广告以出乎意料的方式，奠定了步步高社区在中国的社会地位。

"保安新政"

娄天春在某种意义上是步步高社区秩序的维护者和塑造者。步步高保安队和企业报《步步高人》均在他的管辖之下，一个对外，一个对内，二者共同构建了步步高社区的边界和精神。

1997年初，娄天春从俄罗斯回国，被委任为步步高副总经理，负责人力行政兼核算、审计工作。对步步高来说，娄天春有格外重要的意义，他是小霸王时期的创业元老，深受"扛枪派"的信任。

步步高在东莞长安镇落脚，积极参与当地活动，有时是篮球比赛，有时是优秀青年评选。总体而言，公司与当地人相处融洽，但有一个令人略微头疼的问题——步步高的保安队不好管。

20世纪90年代的广东，尚未适应人口频繁流动，为排除治安隐患，东莞设立联防队，查外来人口暂住证。步步高员工办证不够及时，隔三差五就有人被派出所带走。有时联防队进园区执法，保安队阻止，双方经常发生冲突。保安队的做法简单粗暴，解决园区内部纠纷，也多是如此。此类事件经常发生，员工们逐渐感到不满。

其实，保安队的作用不可谓不大。保安队员每日练习消防、队列和擒敌技术，对照新颁行的《广东保安工作条例》自我检查，有时还会充当福尔摩斯的角色。一天，有个步步高员工说自己的摩托车丢了，保安队队长率人走访证人，探查现场，分析案情，排除一些嫌疑人后，将目标锁定在了报案人的一位同事上。调查取证后，嫌疑人主动承认了偷窃行为。他偷偷配了钥匙，本想开着摩托车跑到顺德，没想到刚走到虎门大桥就被交警扣下了，车没了，他只好回到步步高上班。为拿回那辆摩托车，保安队把嫌疑人送到派出所，"悬案"算是了结了。

保安队的症结在于缺乏变通。步步高园区内的诸多问题，当然要"照章办事"，但做到"文明执勤"考验人情世故的智慧。娄天春知道保安队的问题所在，把原来负责企业报的内刊编辑刘镇岳叫来，让他去做保安队队长。

刘镇岳是湖南岳阳人,有着知识分子特有的气质。青年时,他是下乡的知青,后来到人民大学读书,在步步高属于A职等。平常的日子里,他老是一头蓬松凌乱的头发,穿着大头皮鞋。每到周日早上,他会买一条鱼回来,青菜配煎鱼,与隔壁的贺向阳对饮。贺向阳酒量不济,总是没抿几口,刘镇岳便把酒喝光了。饮完酒,吃完鱼,两人结伴去加班。

刘镇岳新官上任,干的第一件事便是重新选拔干部。仿照生产系统"民主集中"的做法,刘镇岳让大家做演讲,再民主评议,后投票选举,人人都有机会参选。此举一出,立刻受到队员的欢迎。为保证选举公正,他特地邀请公司法律顾问进行公证。经过两个多小时的演讲和民主评议,80多名保安队成员投票,选出了两个领班。

"保安新政"很快取得成效。刘镇岳老成持重,为人正派,说话简明易懂,不管文化水平高低,都听他的。保安队此后大为改观,打架的事减少了。刘镇岳这么一管,就管了十来年。

企业报与价值观塑造

刘镇岳离开企业报后,《步步高人》主编的位置由黄河接任。

这是一份颇有特色的内部报纸。上面登载的内容包罗万象:总经理的讲话、厂长的年终总结、主管的管理经验、工人的意见、思乡念亲的散文与诗歌……黄河尤其擅长摄影,有一种天然的嗅觉,总能快速掌握关键之处。在他的影像和编排之下,《步步高人》成为一个集合经营哲学、工人诗歌和经验总结的综合体。

《步步高人》早期格外注意对管理干部的教育。在步步高迅速做大之后，与管理干部有关的负面事件偶有发生。对于这类颇为惹眼的现象，黄河写道：

重要的问题在于教育干部，只有这样，才能避免少数人"聪明反被聪明误"，做些愚不可及的事。作为步步高的一员，无论你职位有多高，权力有多大，假如胡作非为，只能是"善恶到头终有报，只分来早与来迟"。

为何如此重视干部作风的问题？那是因为：

不久的将来，千千万万的步步高人会成为全国各地的老板和名副其实的干部。假如"上梁不正下梁歪，下梁不正则塌下来"，公司将昙花一现。这并非耸人听闻。

黄河的语言简单、直白而尖锐，把那些"不正"的人排除在步步高人的群体之外。干部群体将承担起社区生活组织者的角色，对广大基层员工有着不可忽视的影响。

实际上，步步高早期的干部大多以身作则，有些人出身低微，对基层员工是很好的榜样。正如黄河所写：

就在你的身边，我们的步步高公司，我了解的就有几位部长和不少的基层管理人员是从打螺钉、做搬运工做起的，经过不断的学习实践，他们的学识水平和技能达到一定的水准，机遇降临，就成功了。反之，一些人吟唱着流浪抱怨的歌，恨世道不公平，其本领是半桶水晃荡的，上班混日子，下班瞎胡闹，不思进取，几年下来，一无所有。大浪淘沙，淘汰的是意志薄弱、没有上进心的人。

第四部分

双流入海：
珠海炬力群英传

双流：台湾企业家西进与大陆工程师南下

亚力草创

› **设点珠海**

1990年，30岁的工程师杨丕全，乘飞机从台湾新竹科学园到大陆考察。

杨丕全是一个正在创业的小人物。1984年，他进入台湾"工业技术研究院"电子研究所工作，是台湾芯片产业第二代年轻骨干。3年后，随着芯片代工业日趋成熟，台湾芯片领域的创业氛围逐渐浓厚，他和6位同事及友人创立了一家做设计芯片的小公司——瑞昱，专攻个人计算机网卡芯片。

像大部分创业公司一样，瑞昱受资金短缺的约束，且尤为注重实效。瑞昱一边攻坚个人计算机网卡芯片，一边做简单的控制芯片。公司不愿把利润让给中间厂商，于是在人力成本低廉的珠海另设了一家彩灯厂，组装圣诞灯串用的灯光控制器，卖往美国。如此，资金才"烧"得慢些。

在大陆投资，具有低成本优势，杨丕全进而产生了另设研发分部的想法。地点选在哪里为好？

经过一番对比，杨丕全选择了安静的"小城"——珠海。

台湾到北京的飞机班次少，得提前3个月预订机票，往来不便。从台湾到深圳倒是方便许多，有政策优惠，许多希望改变自己命运的人聚于此。

相较之下，珠海也在广东，享有地利之便；珠海是经济特区，享有政策之便；珠海城市环境安静，有新竹科学园那种闹中取静的感觉。这样的地方再适合研发不过了。

于是，在几乎所有的芯片业同行将研发的主要力量放在本部时，瑞昱决定分出接近一半的力量，在珠海设一个分部，以承担来自台湾的研发任务。①

瑞昱的分工之举，领先时代潮流10年，但路走得太早，一个问题首当其冲：上哪里招人？

› 录用通知单招人

1992年2月19日，元宵节后的一天，夏昌盛南下广东，来到珠海唯一的一家芯片设计公司报到。过了几天，瑞昱总经理从台湾飞来指导研发工作。见到这个哈尔滨工业大学毕业的高材生，总经理第一句话就是：

"你确定想来珠海吗？"

令杨丕全和他的同事没想到的是，在邓小平南方谈话之后，在广东工作的优势放大，招人难度直线下降。

当时大陆工人的工资普遍不高，而在广东工作的工人，干得好一个

---

① 在创业早期，创始人团队中的杨丕全、黄志坚、谢贤温经常从台湾到大陆指导研发工作。谢贤温为总经理，还负责行政管理工作。

月就能拿五六百元。即便如此，广东的劳动力供给仍处于紧缺状态。至于要求较高学历、月薪动辄一两千元的中高端职位，因为大学毕业生观念传统，多留在内陆城市，广东的人才需求仍有很大缺口。在邓小平南方谈话之后，人们心中的风险底线终于被冲破。一时间，南下的火车上人满为患，大家反而发愁一件事：

哪个单位能给一张特区通行证？

早在春节放假前，瑞昱总经理给几位年轻的工程师每人发了一沓盖好公章的录用通知单，让他们回到母校、原单位和家乡，遇到优秀的理工科人才就简单面试，为其发一张过关凭证。一位清华大学毕业的工程师回到北京，本想找他在某研究院工作的大学同学，但那人不为所动，便推荐了同在单位宿舍的室友——夏昌盛。

一个员工，一张纸，招来一个工程师，这多少有点不可思议，但在那一年，夏昌盛不是孤例。一般的电子加工厂，只有管理岗位才会用大学生，芯片设计公司则在所有环节都是如此，至于工作环境和工作质量怎么样，和在职工程师闲聊一二即可得知。没有经过市场经济洗礼的年轻工程师，经熟人口口相传来到珠海面试。一位从湖南盐矿下海的小伙乡音颇重，令瑞昱的总经理感到困惑。总经理见他一直在讲，而且很认真，最后还是录用了他。

等他们到了住处，才明白公司的真实情况。这份工作有一个好处——"包吃包住"。瑞昱在珠海市的一个临海的小村庄——洲仔村，租了一所民房。于是，继校园宿舍和单位宿舍之后，工程师们又过上了第三种宿舍生活。在这个与澳门隔海相望的小渔村，白天可以吃到新鲜的农家菜，晚上可以听到海浪的声音。

这不免过于单调、无聊了。于是，一些年轻人在工作一段时间后出国留学，还有一些人则觉得外界不过如此，便打道回府。

那些留下来的人，如何度过珠海渔村的漫漫长夜？

› 加班研发

1993年，随着招人工作进展顺利，瑞昱正式将珠海的芯片设计团队组建为一家公司——亚力。亚力并非一家独立的子公司，而是类似办事处，无论技术立项、财务支出，还是市场推广，都由瑞昱负责。

在亚力内部，杨丕全提倡"弹性工作制"，上下班不必打卡。但是，刚入行的年轻工程师为了跟上研发节奏，积极加班。不仅如此，亚力从全国各地招来的名校毕业生，受荣誉感的驱使，在缺乏合适的劳动工具的情况下，苦中作乐，以非凡的才智使芯片设计工作快速运转起来。

研发的很多时间会花在对芯片的验证、测试上。芯片设计是一个高风险的行业，几个晶体管错了，一个主要的功能模块就没用了，一个芯片也就废了。所以，对于验证、测试，大家不得不万分仔细。亚力在创业之初，资金捉襟见肘，研发团队需自制一些生产设备。一位硕士进入公司后从事的第一个项目，就是造一台芯片测试机。尽管这台机器工作不稳定，每两周就得例行检修，但还是足足使用了11年。①

完成芯片测试，将其装到系统里，接下来是让系统工作起来。一位工程师用一块万用表，就可以基本完成系统开发工作。在芯片行业，万用表是最为原始的工具，只能测量电压、电流这些非常简单的指标。让

---

① 对于游戏机芯片来说，自研测试机尚可以满足需求。2003年，MP3芯片成熟之后，就必须采购专门的测试机。

一个系统工作，需要复杂的测量工具，提供不同维度的精确数据。只用万用表就能让一个系统工作起来，意味着对大量其他指标的计算和实验是同时在人脑里高速进行的。

亚力的工程师天资聪颖，后天勤奋。他们触类旁通，学习速度很快。他们将自己的工资和瑞昱本部的员工比较，感到不平衡。有时觉得工资该涨了，他们便推举代表去商谈。

亚力员工的工资不如瑞昱本部员工的高，大陆员工与台湾员工之间的职级和薪资差异，实际上是芯片设计行业分工的结果。在台湾，芯片设计行业对人才需求甚旺，推高了市场的平均工资水平。在工作中又会有大量较为基础的研发工作，如后端的验证环节。花高成本招来的人才，当然要充分使其在利润较高的环节发挥作用。人力不足之时，人力成本较低的人才便成为研发工作的重要后援。

但是，亚力注定不只做研发外包的辅助工作。工程师团队的第一批员工，年龄和瑞昱的管理层相差无几，第一位员工更是和杨丕全同龄[①]。不同的产业政策和时代命运，微妙地反映在两群人的位置与关系上，大家都是30岁上下的人，为什么差别这么大？

考虑到这点，杨丕全为亚力做了一个长远的规划：打造一个高度本地化、掌握自主技术、自行开发产品并获得利润的团队。并且，杨丕全许诺：

10年内，让大家在珠海买车、买房！

众人不敢想——这个目标太高了。

---

① 亚力的第一位员工是赵广民，生年与杨丕全相同，均为1960年。

游戏机芯片之战

›"逆向工程"的研发路线

20世纪90年代,芯片设计行业最大的下游行业莫过于家庭游戏机。

那时,个人计算机性能尚不够强大,音视频功能比较薄弱,而且价格很高,上万元一台。游戏机产品却成熟得很早,早在20世纪80年代便在美国流行开来,1990年以后,随着任天堂、世嘉等游戏主机厂商大张旗鼓地进入市场,游戏主机成为家庭娱乐场景的重要一员。

随着游戏机成为生产规模大、单价高、性能要求高的电子产品,游戏主机厂商对于芯片的技术、成本等方面的要求也越来越高。市场上的一批芯片设计公司,如ATI、英伟达等开始为一些游戏主机厂商定制开发高端专用芯片。

中国市场诞生了几家规模较大的游戏机制造厂商,要求的芯片研发难度不高。亚力看到这个机会,决心重点开发这一市场。

亚力开发游戏机芯片面临的首要困难,在于团队的技术基础过于薄弱。员工都来自国内一流名校,但他们只是在脑中存储着芯片知识,大多数没有从事过相关工作,一旦开始设计芯片,也是一张"白纸"。

因此,亚力只能采取"逆向工程"的方法,从头学习:大家用电子显微镜仔细观察进口的芯片,弄清楚一块指甲大小的芯片其内部的"城市路网"究竟是如何构建的,久而久之,就知道怎么设计芯片了。总之,在研发团队基础薄弱的情况下,"逆向工程"相当于直接学习别人的做法，不一定要懂为什么，但可以立马上手，实践多了，就"知其所以然"了。

当然，即便是"逆向工程"，也需要导师。就像读四书五经，从全文背诵到理解意思，再到行文发挥，都需要老师指引。幸运的是，亚力有一个很厉害的导师——杨丕全。

杨丕全是一位技术天才。在芯片设计行业发展的早期，自动化工具、IP[①]和架构没有现在这么发达，他仅凭一己之力，便可以搭建起芯片架构、制作IP、跑完算法，相当于在一个造城运动中，能够包揽设定规则、规划路网、建设工程的所有环节。一般工程师成为任何一个细分领域的高手，平均需要10年的时间。而杨丕全在10年间成为所有领域的高手，相当于芯片设计行业的"宗师级"人物。

但是，杨丕全不太会用电脑。"纸上谈图"成为亚力研发工作的主要交流形式。因为需要指导的人数众多，他经常光脚在办公室里走来走去。针对每个问题，他都要深思片刻，拿起铅笔，在几页纸上画好芯片的架构图。对着"答题指南"，他最多花十几分钟，就能悉数讲清功能模块如何工作，算法如何实现，可能出现何种技术问题。答疑完毕，员工桌上的铅笔不见了。后来，他特意向员工交代："离开时，记得告诉我，把笔放下。"

经过杨丕全1年的训练，工程师们开始自主完成部分研发任务，设计出第一款游戏机芯片。研发团队对于芯片设计行业的归属感和认同感逐渐形成。

---

① IP，也称为"IP核"，指芯片中具有独立功能的电路模块的成熟设计。

› 小而美的芯片设计公司

芯片开发出来后，怎么卖？

大陆的游戏机市场主要由几个大厂占据。最佳战术，是用单兵作战能力极强的销售人员猛攻重点客户。瑞昱在个人计算机网卡芯片市场，也面对同样的格局，锻炼了一批精兵强将。于是，瑞昱从台湾调来一位销售"老兵"，负责开拓大陆的游戏机市场。

游戏机产品线成为亚力的支柱，每年带来一两百万美元的净利润，足以养活一个精干的芯片设计团队了。在20世纪90年代，亚力的规模从没有超过100人，每年增加不过10人。

公司效益不错，人也少，杨丕全对员工甚为优厚。到了员工为新生子女庆生的时候，他也会贴心地送上一个生肖吊坠作为礼物。

天才的技术领导者，聪明能干的工程师，富有人情味的上下级关系，构成了一个小而美的芯片设计公司。

逐渐地，亚力培育出一种精英工程师文化。随着新产品线的开拓，工程师需要学习的东西越来越多，瑞昱派来主管指导研发工作，其中不乏才智极高者[1]。师傅数量有限，亚力招"徒弟"也极为严格，遵循严苛的招聘流程，自带一种精英气质，对优秀的应届毕业生形成特殊的吸引力。严密的师徒制，保证亚力在整个20世纪90年代维持了"强将强兵"的传统。优秀的工程师代代相传，能够面面俱到，这也就奠定了在进入

---

[1] 1997年，亚力开发电子词典芯片，刚入职瑞昱不久的李朝政来到珠海，领导模拟电路设计工作。他从物理学专业毕业后，转行至芯片设计行业。2001年，亚力重组为炬力后，他回到台湾，后来成为瑞昱技术副总工程师。亚力团队中台湾人的数量一直没有超过两位数，有两个名叫"焕堂"的工程师都来过珠海。

21世纪后，他们将创造中国芯片产业史上的奇迹的基础[1]。

但是，在创造奇迹之前，这个孤悬于珠江西岸的芯片明珠，将不得不面临接踵而来的挑战。

小公司面临的大挑战

›"逆向工程"与"正向设计"

不同于亚力搞"逆向工程"，在声卡产品上，瑞昱从一开始就是"正向设计"，而且在个人计算机市场的发源地——美国设立了分部。对于一个需求正在喷涌而出的新产品来说，到市场的中心是一个必要的动作，个人计算机声卡就是这样的一个产品。

早期面向消费者市场的个人计算机被频频诟病声效不佳，瑞昱瞄准这一细分市场，设立了专门的算法团队，其中包括一些亚力派来的工程师。在经历了"逆向工程"的训练后，他们开始见识到"正向设计"如何在一个发达的电子工业市场中运作：当时的美国拥有最成熟的个人计算机消费者，对产品的需求信息由品牌商和代工厂反馈给芯片设计商。基于灵敏的市场信号，他们开始从头"定义"一个芯片产品的规格，也就是应该满足人们的何种需求，之后再以各种技术去实现这个目标。

从本质上来讲，"逆向工程"与"正向设计"的电路图，或许并无大的差别，但两者的目标迥然不同。前者是在市场需求明确后进行的，风险可控，但设计的自主性较差；后者则是在了解市场需求后进行发明创

---

[1] 亚力很多工程师后来成为国内芯片产业的骨干人物。如张韵东，复旦大学硕士，后参与创建了中星微电子。还有邓禹，兆易创新执行副总裁兼MCU事业部总经理。

造，风险较高，但设计依照原创者的想法进行。

1996年，瑞昱美国分部的一位声卡算法研发工程师——朱孝修离开瑞昱，并带走了另一位工程师[1]。后来，朱孝修成立了一家公司——科广（T-Square），亚力的工程师有不少跳槽到科广。在美国市场弄清楚市场需求后，科广只需要在国内完成工程化的过程。

科广一炮打响。科广利用声波合成方式，大幅改进了个人计算机声卡的音频表现，然后将这一产品以IP核的形式，卖给了包括美国半导体厂商在内的多家厂商。随后，科广在上海、深圳迅速扩张，先后设立研发据点。到1999年，科广在国内已有400人的研发团队，是国内规模较大的芯片设计公司之一。

实际上，科广的成功离不开背后的大股东。在瑞昱之后，台湾越来越多的芯片设计公司意识到大陆所具有的市场潜力和工程师红利。同样成立于1987年的扬智（ALi），在朱孝修创业之初即占据了科广的大部分股份，给予其充分的话语权[2]。2005年，扬智完成对科广的全资收购，终于实现了当初入股的战略意图，在大陆市场占据了一席之地。

› **寻呼机风口受挫**

在科广以"正向设计"迅速崛起的时候，亚力还在进行"逆向工程"，试图抓住国内市场的机遇。

---

[1] 当时到瑞昱硅谷分公司一年的张韵东，加入朱孝修的创业团队。后来，他与邓中翰创立了21世纪初最负盛名的中国芯片公司——中星微。
[2] 虽然扬智占股比例很大，科广创始人朱孝修仍然保持着话语权。时任扬智总经理吴钦智说："虽然宏碁只占扬智三四成的股份，但施振荣说什么话我都得听。扬智占科广七成股份，我说什么话朱孝修都不想听。"科广被收购后，朱孝修退休。

亚力获取商机的主要窗口,是瑞昱在珠海设立的兄弟公司——群泰电子(简称"群泰")。

创业早期,瑞昱的创始人团队对国内的消费电子市场尤其热衷。或许是受台湾成功经验的影响,他们复制了一些适合卖到香港的低端电子产品——计算器、电子琴、电动玩具车等,不一而足。同时,他们也密切关注本土市场的动向,先是电子词典,后是寻呼机。为了抓住这些机遇,瑞昱在珠海设立了经营整机产品的群泰,亚力为其设计配套芯片,一些职员同时就职于两家公司。

在面临的所有消费电子选项中,群泰选择了当时席卷国内市场的寻呼机。这是一种非常本土化的产品。用大哥大打电话很贵,光一台摩托罗拉大哥大就要花两万元,与之相比,在腰间戴一个寻呼机,只需要几千元便可接收传呼消息,就近找到固定电话回拨过去,资费还划算。

寻呼机在国内市场的热度,几乎是毋庸置疑的。20世纪90年代末,寻呼机市场到达顶峰,群泰选择进入中文显示寻呼机市场。在台湾股东看来,寻呼机的优势是显而易见的:大哥大的制造门槛较高,寻呼机则容易很多,要趁热打铁;电路板由台湾的厂商提供,质量上乘;寻呼机芯片已经非常成熟,亚力制造不是问题。

同一时间,通信革命突然以百米冲刺的节奏快跑起来。从20世纪80年代到90年代,无论昂贵的大哥大,还是便宜一些的寻呼机,都花了10多年的时间才拥有将近1亿用户。但是,一种售价低廉、体积更小、功能齐全的移动电话——小灵通,此时正在迅速流行开来。受此影响,从2000年开始,寻呼机的销量直线滑坡,从顶峰时期的6500万用户,到不到100万用户,仅用了4年时间。

群泰对寻呼机下注失败,拖累了亚力,大量的寻呼机芯片成为库存。受此重挫,瑞昱决定直接关掉群泰,但寻呼机芯片已经制造了出来,唯一的办法就是把尾货销掉。亚力的销售负责人带着几位年轻的工程师,坐着"摩的"四处寻找愿意接手的代工厂,等谈完生意出来,"摩的"师傅不见了。

群泰的失败殃及亚力,说明在波动剧烈的消费电子市场,跟随式的"逆向工程"策略,同样要承担较大的经营风险,风险往往在令人意想不到的时机和地点突然降临。

› 亚力的三大危机

此时,亚力的三大危机突然降临。

首先,人才流失。2000年,在通信革命的巅峰时刻,华为在自研芯片领域迅速扩张,华为的人力资源主管在周末驻扎于珠海的宾馆与成批的应聘者面谈。华为偏爱有3~5年工作经验的年轻工程师。

2001年,互联网泡沫破裂,华为深受冲击,人力资源主管给还未入职的年轻人打电话,告诉他们不要来了。恢复元气后,华为的人力资源主管重新拿起通讯录,挨个给亚力的员工打电话。亚力股东意识到员工的价值,将员工的薪资普遍上调了50%。

其次,在游戏机芯片市场,亚力遭遇了两个重大打击。

在"逆向"开发了10年游戏机芯片后,亚力已经能够设计出比游戏主机原厂质量还要好的芯片,但遗憾的是,其重要合作伙伴世嘉在竞争中屡战屡败。1995年,索尼在游戏主机市场半路杀出,花费数亿美元拉拢了一群才华横溢的游戏开发商,构建了一个强大的游戏平台,并为自己的 Play Station 游戏机装备了性能更为强大的芯片。对此，世嘉研发了一款构思巧妙的沙盒游戏《莎木》，甚至可以模拟天气变化。但这一尝试过于超前，耗资巨大，反而拖垮了公司。2001年，世嘉宣布退出家庭游戏主机市场。亚力的芯片只做世嘉的生意，现在世嘉退出了主流市场，亚力的芯片销量自然也随之萎缩。

最后，还有一个更坏的消息，2000年6月，《关于开展电子游戏经营场所专项治理的意见》发布，宣告了国内家庭游戏主机市场的终结。亚力芯片失去了本土市场，只能面向出口市场。

此时，亚力的缔造者杨丕全已经退休了。1997年，在瑞昱股票上市前一年，37岁的杨丕全在瑞昱办了退休手续。虽然还会来珠海看看，但他在亚力的时间已然很少。没有灵魂人物的指引，亚力的未来更加扑朔迷离。

2001年，经过一轮裁员后，投资人在年底重组亚力。2002年，亚力被改名为"炬力"（全称"炬力集成电路设计有限公司"），真正成为一个在财务上自负盈亏的独立公司。原来支援亚力的其他瑞昱骨干，纷纷回到台湾。

谁来领导这个没有方向的小公司？

入海：炬力逆天改命

更名改组：从亚力到炬力

亚力更名为炬力前不久，主管游戏机芯片业务的赵广民被委任为总经理。

此前，同时有数个部门的负责人角逐总经理的职位，资财部门①来自台湾的主管是一个很有竞争力的对手。赵广民在关键时刻得到销售负责人的一票，最终也取得了股东的信任。

赵广民是亚力的第一位员工。从西安交通大学毕业之后，他在北京电子管厂工作了几年时间，随后他到清华大学进修硕士课程，毕业后南下珠海。在游戏机芯片项目中，他负责一个重要的模块，成为主管，并逐渐在员工中担当起领头的角色。

赵广民盘点完炬力的所有资产，很难高兴起来。亚力留给炬力的重要的资产包括三个方面：

一是玩具汽车遥控芯片。这是公司重组时瑞昱送的一件小小的礼物，每年一二十万美元的净利润，靠薄利多销取胜。

二是游戏机芯片。这是主营业务，构成了主要的利润来源。尽管国内市场已经不复存在了，只能依靠出口，但游戏机芯片业务还可以

---

① 炬力的资财部门负责生产、制造、采购。

维持运营。

三是电子词典芯片。这是瑞昱元老留下的。早在1998年，亚力就为兄弟公司群泰完成了电子词典芯片的设计工作，但市场反响一般。

那么，新的增长点在哪里？

市场机会的问题暂时无解。一个芯片设计公司起码需要一两年以上的时间，才能将一款产品推向市场。亚力经过十多年的发展，也就手中这些牌了，况且经历了一次重组，研发资源很紧张。因而，务实的选择，是拿住手中这些牌，培训年轻的工程师，先把技术能力练扎实。

成为工程师乐园

› 面试进入炬力

在炬力，一个年轻工程师要成为可用之才，要过三关——面试、见习、赵广民。

第一关是面试关。

在招聘上，炬力沿袭了亚力的精英化运作。2000年前后，炬力给应届毕业生开的月薪高达数千元，在珠海安居乐业不成问题。工程师前辈现身说法，知名高校的理工科人才踊跃参加笔试，这一环节会淘汰超过90%的人，最终获得面试资格的，真正是百里挑一。到了面试的时候，资深的工程师会拿着面试者的试题答案，对错误逐一说明。接下来，面试官问：

"考虑来我们公司吗？带三方协议了没有？"

如果应聘者面露难色，精明的面试官则会步步紧逼：

"你这也太不够意思了，我都对你掏心掏肺了。"

一般的理工科毕业生哪能抵得住这种攻势？

炬力的面试官精心设计，用难度极高的试题筛选出了学习态度最好、才干最佳、最受老师傅喜欢的苗子。对于一个精英化运作的芯片设计公司来说，这是最为经济的招聘策略。

炬力的口碑在一些理工科院校传播开来，吸引了一些慕名而来的面试者。有些学生视炬力为一个好的选择，便径直跑到公司前台，拿着履历表要求面试。对于这类不速之客，炬力照样理会，依惯例先给一份试卷。对方做完试卷，如果觉得不错，研发主管会同领导面谈，当即拍板。

可见，在世纪之交，对于一般的理工人才来说，能够到炬力这样的富有挑战的技术型公司工作，并不是一件容易的事情。

› **学习芯片设计**

过了面试关，第二关是见习关。

年轻的工程师到达珠海后，很快会发现，这片适宜度假的热土，不太像搞芯片设计的人待的地方。同国有企业中通宵苦战的研发记忆相比，市场经济下的技术工作充满了诱惑。炬力的办公地址搬到888商业街对面后，市井气息扑面而来。海浪裹挟着澳门的气息，形成一股热风，拍打在行人密布汗珠的脸上。

炬力是一个特殊的存在，与其所处环境形成了巨大的反差。

对于刚入行的年轻工程师来说，炬力是一个封闭式的技术研修班。

在这个班里，工程师小心翼翼地把舶来的芯片放在电子显微镜下，每个晶体管立时尽收眼底，那是一座结构严谨、章法有度的宫殿。工程师拍下一个芯片的"相片"，接下来便是伏案作画，手绘电路图，一个模块画一幅图，一根根细微如毛细血管的管子，被他们排布在纸面上。一个芯片通常会产生几十幅甚至上百幅图。工程师们将其依次排开，摆在墙上，再用科学世界中的符号连接起来，像是搭建一个复杂精巧的积木玩具。这个玩具不能有任何连接上的错误，因为一旦开始生产、测试，一个工程师犯下的错误，是其上百个月的工资也不能弥补的。

因为芯片设计具有非常高的学习门槛和试错成本，所以炬力会依照惯例为新入职的员工指定一位师傅。师傅的作用是为徒弟定下发展方向，将其带到项目中历练。每隔半个月公司会召开学习成果报告会，师傅和其他资深专业人士一起出席。如此阵势，对于徒弟们来说，犹如高三的模拟考试。此外，师傅们还经常举办小型的问答比赛。这类提问不好作答，类似高考的易错题目，最容易激发男性的好胜心。若谁答对了，考官便发放一个小礼品。

随着时间的推移，杨丕全传下的手绘电路图的办法逐渐被淘汰。画图工作繁重，手绘一个基本电路图，往往需要两个月的时间，若测试出错，要推倒重来。

新兴的电子设计自动化工具（EDA），自20世纪90年代中期开始在国内普及。新思等公司研发的软件工具，不仅有效减少了复杂芯片"逆向工程"的错误，还大大简化了工程师的工作，使其尽量减少直接接触难以控制的物理世界，而是用程序语言控制复杂的底层。在电子设计自动化工具的助力下，一个芯片产品耗费的工时缩短了一半。

为应对劳动工具变化带来的挑战，炬力的年轻工程师开始了新一轮受训。

2001年底，瑞昱在苏州创建了一家为国内客户提供售后服务的公司，同时承担起电子设计自动化工具的推广任务。炬力派工程师前往苏州学习或轮岗，接受技术人员的指导。此时，经过十年的"逆向工程"，炬力的工程师们慢慢习得芯片设计的精髓，逐渐有能力不"抄作业"，依照心中所想提出独特的解法。熟练运用电子设计自动化工具，可以帮助其又快又好地推出具备竞争力的芯片。

› 严格的总经理

经过"逆向工程"和使用电子设计自动化工具的培训，年轻工程师能够负责一小部分技术工作。这时，他们总是绕不过一个人——总经理赵广民。

开始，没人觉得这个总经理值得注意。赵广民沉默寡言，说话的时候，口音令人难以听懂。总之，任何一个第一次见他的人，都不会认为他是一家芯片设计公司的首席执行官。

这是一个严重的误判。

技术会议，不论大小，赵广民悉数参与。当他坐下来时，资深的技术人员瞬间都会紧张起来。总经理并不直接管理具体的工作，但每一场会议他都很认真地听，如果有人试图蒙混过关，他一出口，就会揪着关键点发问。一时之间，整个会场里的人大眼瞪小眼。技术问题逃不过他的眼睛，不合格的东西只能回炉重做。

为召开日常经营管理会议，赵广民专门在周三设立了"面条会"。炬力的大多数部门经理是20世纪90年代加入公司的工程师，他们普遍缺少市场与管理经验，只能走一步学一步。为解决这个问题，他亲自为公司内刊撰写专栏文章，并鼓励主管们多多投稿。除此之外，他还想出一个西北式的办法，每周三晚上，做好一锅面，召集各部门负责人，一边吃面一边开会。这时，他变成了大家口中的那个"老赵"。年轻的工程师有时路过，也会驻足旁听。

"面条会"的设立，旨在解决日常管理中的繁杂问题。随着项目渐多，跨部门协作日益增多，员工经常需要向两位领导负责——项目领导和部门领导。繁重的工作使每个人筋疲力尽，心中感到不满。赵广民同时召集数个部门的相关人员参加"面条会"，将一堆问题摆在桌上，让大家畅所欲言。提出什么方案，解决什么问题，都在会上讨论。如需支援，则由赵广民充分授权。

到了2003年，炬力逐渐恢复元气。年轻的工程师成长起来，一个适应科技业迅速变化的矩阵管理体系也初步建立起来，技术实力得到巩固和提升。

赵广民视开发MP3芯片为一个重大的市场机遇，将其作为一个主力产品，并投入了大量的研发资源。经过两年的打磨，炬力终于推出了第一款MP3芯片。

但是，炬力把芯片拿出去卖，才发现一个问题——没人买。

寻找MP3芯片客户

› 傲慢的品牌商

MP3芯片的首选客户是品牌商。

市场推广经理李强拿着炬力的MP3芯片解决方案，逐一登门拜访大客户，通通吃了闭门羹。品牌商平日用惯了外国芯片，一听有珠海公司来访，便充满不屑。一次，李强来到一个知名品牌的代工大厂，抓时间给客户演示。没等他演示完毕，客户便当着他的面，毫不留情地把演示的纸稿文件扔进了垃圾桶，说：

"朋友，你们这样的方案，就不要拿出来耽误我的时间了。"

李强微笑着，把东西从垃圾桶里捡回来，道了声"对不起"，打道回府。在品牌商的眼中，炬力并非"正规军"，品牌商当然不想与它混在一起。

品牌商打不进去，原因出在销售方法上。

来自台湾的销售人员，一手建立了炬力的营销体系。瑞昱主营个人计算机网卡芯片，起于个人计算机如日中天的20世纪90年代，那时需要精明强干的销售人员，对业内的几个大厂发动攻坚战。国际大厂非常严谨，标准极高，在一个"产品承认书"（approval sheet）上面，足足列了几十条标准，任何一家想要打进其供应链的企业，都需分毫不差地满足所有标准，其中一些标准看起来无关痛痒，但必须达到。一家个人计算机厂商面对的是全球千万客户，一个细微的错误就可能演变成致命的灾难。在与个人计算机大厂进行攻坚战的过程中，瑞昱培养了众多单兵作战能力极强的销售人员。

负责炬力MP3芯片销售的主管仍采取主打品牌商的策略，几个月下来，一无所获。炬力产品的各项指标离品牌大厂的要求还有一段很远的距离。

› 锁定仿制工厂

品牌商的市场打不开，该怎么办呢？

炬力只能去找那些以仿制为生的工厂了。

此时，寻呼机和小灵通手机的热潮已经过去，仿制工厂正在急切寻求转型良机。这些工厂的所有者，或是出身港台电子代工厂的业务骨干，或是珠三角农村中具有号召力的能人，大多数是急切逐利的"草莽"。他们没有品牌，无法获得溢价。他们不像大牌厂商那样能够一次花费十几万元开模，只能投几十万元弄个小作坊，用市场上的公用模具，买来通用元器件简单装配，将产品低价销售出去。他们每个月出货几千台，遇到机会便赚一些钱。

品牌商上来问规格，仿制工厂上来问价格，两者对品质的要求如天壤之别，品控的差异肉眼可见。品牌商的要求可能是MP3连续播放200小时不死机，在严酷的环境下通过测试。而仿制工厂的要求可能是MP3不死机就行，音质差无所谓。北方人在寒冷的冬天穿厚厚的衣服，格外容易产生静电，很容易将仿制机彻底毁坏。

但是，仿制工厂也并不是没有底线的。如果供应商的产品太差，导致生产线直通率太低，机器还需人工返修，即便芯片价格低，也得不偿失。在价格之外，厂家还要考虑技术的可靠性与售后服务。

对于专门仿制的工厂，欧美芯片原厂视之为鸡肋，瞧不上。MP3芯片市场的霸主矽玛特（SigmaTel）主要与一些大品牌客户合作。为一个每月拿货只有几千个芯片的买家提供技术支持，实在成本太高了，因此，多如牛毛的仿制工厂并不在芯片大厂的服务半径之内。

在仿制工厂急切寻找出路的时候，李强带着炬力的MP3芯片方案，及时地出现了。

› "交钥匙"方案应运而生

拿到炬力的方案，那些只会仿制的工厂不知所措。

按照欧美芯片大厂的通行做法，炬力提供了技术文档（datasheet），那些工厂只有一个问题——没人能够看懂。欧美芯片大厂只提供技术文档的服务方式，只适于具备技术研发实力的品牌商。它们财大气粗，有自己的工程师团队，可以同时搞定软件、硬件问题。珠三角的电子工厂，能够同时把软件和硬件搞定，最终顺利生产出一台整机的，可谓凤毛麟角。

一些工厂拿到炬力提供的技术文档，开始认真学习。

过了一个月，李强跑来看情况怎么样，客户说："我们正在学习。刚好你来，有一些问题要问你。"于是，商务推广变成了技术交流。几个月下来，李强沮丧极了。客户都在学习炬力的MP3芯片方案，却没有一个下订单。

炬力想出一个办法——给客户提供"开发板"。开发板经过炬力的验证，相当于具备基本功能的MP3，不过和电脑主板一般大，离最终生成巴掌大小的MP3还有一段距离。客户拿到开发板，情况有所好转。过了一段时间，李强发现，炬力把球都放在球门前了，客户还是不知道该往哪个方向踢。

如此反复，炬力总算明白了这些工厂的技术能力。大多数潜在客户甚至不能把一个大电路板缩成小电路板，也就是说，大多数客户并不具备初级工程师的入门技能——画板子。一个初级工程师不会画板子，基本上可以宣告失业了。

既然如此，为什么不直接给客户提供一个MP3样式大小的板子？

经过一年时间，炬力终于找到了打开市场的正确方法——交钥匙，也就是为客户提供全方位解决方案。既然客户学不来，外部学习成本如此高昂，最终只能由芯片厂家把问题搞定，给客户现成的主板。即便是现成的主板，还需要有差异。于是，炬力将一种主板配几种不同的外壳。

炬力的全方位解决方案，到此还未结束。为了提高良品率，炬力还会联系代工厂，生产出一些完整的MP3样品，让人试用。

在MP3厂商普遍处于弱势的情况下，炬力不得不强起来，重新划定产业链分工。

但是，一家芯片设计公司离终端消费市场还是太远了。就与市场的距离来说，炬力比生产厂商远。

珠三角的电子加工厂是整个电子产品市场的中枢神经。在电子工业体系中，加工厂虽弱，但向上传递市场信号，向下交付产品，因而成为芯片设计公司洞察市场先机的重要信息来源。李强经常带着市场部的同事到工厂调研市场需求。在集合不同地域、不同产品层次、不同品牌的工厂发来的需求信号后,炬力开始对MP3市场有了全局性的认识。

炬力的MP3芯片找到了市场,探索出了合适的解决方案,也知道怎么根据市场的最新信息更新对产品的定义,但有一个关键的问题难以自行解决:

珠三角的工厂多如牛毛,面对成百上千家厂商,自己怎么卖得过来?

市场攻坚战

› 从大客户转向芯片代理商体系

要全力转向仿制产品市场,并不是一件容易的事情。

炬力的MP3芯片销售负责人来自台湾,依思维惯性而为,拿着望远镜看品牌厂商,却忽略了周围漫山遍野的"游击队"。

炬力市场部副部长唐立华注意到珠三角市场的结构性不同。1993年,他从江门来到珠海,三年后加入亚力,负责对接群泰,研发软件方案。后来,寻呼机生意亏损严重,亚力不得不退出。他感到自己的市场经营知识不足,于是在职学习取得工商管理硕士学位,随后转岗到销售部门。

唐立华职业经历丰富,力主借代理商之力攻占仿制产品市场。这一提议与来自台湾的主管的策略相悖,遭到批驳。唐立华隔一段时间便拿出成功的客户案例现身说法。他在会上直来直去,与上司争论。逐渐地,他取得了MP3事业部负责人和赵广民的支持。

代理商体系在电子工业体系的存在,是分工的自然发展。一个芯片厂家,凭自己的力量去服务二三十家客户没有问题,但当客户基数扩大到成百上千家后,必须有代理商体系支持。代理商的介入,相当于在芯片设计公司和系统厂商构建的价值链中间架了一层,抽走了芯片厂家的部分利润。七八家代理商,如果每家有二三十人的团队,能够分别覆盖二三十家工厂,就可以帮芯片厂家服务两三百家客户。

珠三角的芯片代理商体系早已有之,芯片大厂为迅速出货并提供售后服务早已培植起一批代理商。改革开放初期,香港和台湾的商人充当了"三来一补"[①]贸易的主要角色。他们早早参与国际市场,将加工订单带到国内,芯片分销商体系也随之而来,主要从外资芯片大厂处拿货。随着电子工业的本土化,港台芯片分销企业中的许多员工看准机遇,纷纷自立门户,服务密布在珠三角村落的许许多多工厂。

在早期,炬力的代理商主要是港资和台资企业,对仿制产品市场缺乏兴趣。有位在代理商处任职的业务经理提议另开一条MP3产品线,但该代理商已经代理了上百款芯片,业务繁忙,对这个提议没有理会。

于是,这位业务经理组了一个三人团队。他跑业务,另外两人分别做软件和硬件。这个只有三人的草台班子,从炬力的代理商那里进货,然后做成方案,提供给仿制工厂,也就是方案商。对于芯片设计公司来说,方案商所做的工作,是把标准化的解决方案变成看起来五花八门的差异化产品。比如,把5个按键变成7个,给MP3的使用界面换个皮肤和颜色,让其有所不同。

有一天,李强突然发现,一家代理商竟然有一半的货提供给同一个客户。他告诉代理商,一定要和那个客户见一面。那个三人的方案商团

[①] 三来一补指来料加工、来样加工、来件装配和补偿贸易,是改革开放初期的企业贸易形式,最早出现于1978年的东莞。

队,此时人已经多了起来。其创始人见到李强,请求成为炬力的代理商,直接从炬力拿货,做好方案,供给工厂。这个提议当然获得了支持。很快,这家小方案商,为炬力贡献了最大的出货量。

代理商体系之于芯片原厂,犹如八足之于章鱼。原厂的产品不给力,即便给再多的佣金,也没用。表现不尽如人意的芯片被推向市场,一试不行,货都会砸在手里,浪费时间和资金。

但是,如果产品表现优异,代理商则会成为极大的杠杆。

炬力的MP3芯片逐渐受到市场欢迎,代理商体系成为其神经系统,带来源源不断的正反馈。当芯片通过代理商体系触达客户后,大量反馈涌向了炬力。炬力解决产品暴露出来的问题,代理商学习最新的技术支持经验。通过反复的反馈与改进,炬力动态优化解决方案。

› **出货100万个芯片**

打通销售体系的"任督二脉"后,炬力的MP3芯片出货量缓慢上升,每月出货量从几千个、几万个到几十万个。2004年,炬力MP3芯片总出货量突破100万个。公司所有员工欢呼雀跃,非常激动。为庆贺此事,第100万个芯片特意被裱起来,以作纪念。

在之后的一次会议上,赵广民特意对生产部门讲:"大批量的生产测试能力要迅速建立起来,按照一个月100万个的量来。"此话一出,上下哗然。李强觉得是"天方夜谭",听起来怎么都不靠谱。

赵广民下达的指令是一个不小的赌注。

生产能力成倍提升,意味着库存产品成倍增加。在芯片经销体系中，原厂存货位于上游。市场需求不振，代理商不接，原厂的货就像被大坝拦住的水，积压在手。但是，有时市场需求如疾风骤雨般袭来，原厂没备好货，仓促生产，到交付便需两三个月。在无货可卖的间隙，市场需求稍纵即逝，经销商的信心也会丧失。因此，芯片原厂对于市场需求的预测，不得不谨慎。

在炬力决定大量备货MP3芯片的时候，市场需求正在汇聚成一股飓风，一场暴雨马上就要袭来。

› **MP3风暴**

在"游戏机禁售令"施行后，小镇青年的聚集地从游戏厅变成了网吧。沉迷游戏的网瘾少年，酷爱音乐的文艺青年，都有在网吧听歌的需求。

消费者对于免费音乐的需求强劲，百度公司的出现，恰好满足了这个需求。从美国回国创业的李彦宏，在2000年初创建了百度公司。人们发现，在百度页面的搜索框中输入歌名，就能收听和下载音乐。这家公司瞬间成为全国最具价值的互联网入口。2005年7月，百度公司上市，招股书显示，其22%的流量来源于MP3搜索。

互联网音乐风靡大江南北，对MP3的需求迅速增长。其实，早在1998年，三星旗下子公司世韩便推出了用闪存芯片存储音乐的第一款MP3。2001年，苹果公司推出第一代iPod[①]，售价399美元，绝大部分中国消费者被拒之门外。MP3价格居高不下的关键，在于闪存芯片的刚性

---

① 存储介质为5G硬盘，硬盘不易携带，耗电快，后来苹果公司将iPod存储介质变为闪存芯片。

成本。在廉价MP3中,闪存芯片的费用约占成本的一半。

从2004年开始,伴随动态随机存储器(DRAM)市场大局已定,英飞凌、美光等大厂转而杀入正在蓬勃兴起的闪存芯片市场。市场霸主三星和东芝祭出杀价手段,围剿新入局者。一年时间,国际市场的闪存芯片价格降了一半,国内仿制厂商生产的MP3价格跌破400元。

终于,MP3价格到了大部分中国消费者能承受的"甜蜜点",市场迅速被引爆。MP3风暴席卷珠三角,成千上万家工厂如火车般轰隆启动。此时,炬力恰巧把风筝放起来,于是乘风而起。从年中决定扩产,到年底不得不再次扩产,炬力只用了不到半年的时间。赵广民的远见得到了验证。

但是,对于实力雄厚的台湾芯片设计商而言,做出MP3芯片并不是一件多难的事情。他们出马,炬力如何能抵挡得住?

› 超越台系对手

令人颇为意外的是,炬力并没有遇到强有力的台系对手。相比数字电视、3G手机、IP网络等几个公认的大市场,MP3是一个不起眼的利基市场,犹如鸡肋。台系设计厂商经过20年的发展,具备相当的技术实力,自然将市场重心放在更大的蛋糕上。

更为重要的是,不少业内人士认为,MP3是一个专门的音乐播放器,并不会在国内市场流行。当时,已有手机自带音乐播放功能,而且VCD播放机和DVD播放机在国内的城镇家庭十分普及,且CD机的音质远胜MP3。还有一个颇具竞争力的MP3替代品——"会唱歌的U盘",在市场上与MP3展开"路线斗争"。

在综合考量之下，一般的台系厂商认为，MP3只是一个过渡形态的电子产品，没有安排成建制的研发队伍专注于MP3芯片。

但是，炬力不同。MP3芯片是其多个产品线中为数不多的能够成为爆品的希望。因资金和能力有限，炬力专心打磨MP3芯片。既然在耗电、音质等技术规格上硬拼不行，那就求新求快，并将成本降低——这正是台系芯片设计厂商在20世纪八九十年代崛起的路径。

2005年下半年，炬力小步快跑，推出了附带视频功能的ATJ2085 MP3芯片。该芯片于2004年下半年推出第一版，经过一年发展，成为市场占有率最高的中低端MP3芯片。一年后，炬力对其进行更新，不仅大幅改善了各项性能指标，还为MP3增加了一个新奇的功能——观看视频，尽管分辨率较低，但好歹能看。

炬力的新款MP3芯片功能齐全，紧追潮流，而且便宜，完全迎合了消费者的喜好。产品一上市，立马受到更多厂商的欢迎。炬力一举奠定了在MP3芯片市场的统治地位，累计出货量迅速逼近1亿个。等其他对手反应过来，时间窗口早已消失。

就在炬力一路凯歌之时，全球MP3芯片市场的老大——美国矽玛特，早早注意到了这个正在崛起的新星，率先发起攻击。

2005年1月，矽玛特在美国联邦法院起诉炬力侵犯其数项专利。3月，矽玛特以炬力侵犯其专利为由，向美国国际贸易委员会提起诉讼，要求根据"337条款"制裁炬力。

诉讼意味着，一旦美国国际贸易委员会认定专利侵权，炬力就要退出美国市场。之前所有遭受"337条款"诉讼的中国企业，大多因为需要数百万美元的应诉调查费用而放弃抵抗。

这一回，炬力该如何应对？

专利战：从隐忍、退步到反击

› 纳斯达克上市

矽玛特发起的专利攻击，恰好发生在炬力股票上市前夕。

2005年，炬力准备成为第一家在美国股市上市的中国芯片设计公司，但要达到这一目标并不容易。同一时期，承担信息产业部千禧年"星光中国芯"工程的中星微也正好到了上市节点。

不管谁第一个上市，都不得不面临美国投资者对于专利问题过于"热情"的关心：

你们有自己的专利吗？

不像中星微的芯片打进了美国人熟悉的个人计算机领域，炬力要面临的问题更加复杂。炬力所处的中国MP3产业链是高度本土化的，美国投资者如果没用过50美元以下的MP3，很难理解炬力究竟在干什么。上市小组成员不得不在一天内往返多地，一遍又一遍地向不同的投资者解释，到最后，他们几乎能够把一本招股书背下来了。

2005年11月30日，在中星微上市15天后，炬力作为第二家中国芯片设计公司登陆纳斯达克，融资7200万美元，金额仅为预计的一半。在中星微首发日股价跌20%后，炬力融资惨淡的事情再次成为关注焦点。

尽管如此，炬力对人才的要求还是水涨船高了。炬力在学校招人，硬性要求是成绩优秀的研究生，且本科在名校就读。成都电子科技大学、西安电子科技大学、华中科技大学、华南理工大学四所学校的毕业生，是炬力主要的人才来源。

2005年，在国内400家芯片设计公司中，炬力第一个突破年营收1亿美元，占80亿元总设计产值的1/10，成为不可忽视的"巨头"。在2006年2月由中国半导体行业协会举办的中国半导体市场年会上，炬力总经理赵广民与中芯国际首席执行官张汝京、展讯首席执行官武平一起，被评为"第二届中国半导体企业领军人物"。

在美国上市让炬力站在了聚光灯下，也让竞争对手更加焦急。矽玛特对炬力发起诉讼后，炬力正式应诉，但美国国际贸易委员会迟迟未做出判决。僵持之际，矽玛特又发起了新一轮攻击。

› 矽玛特得寸进尺

矽玛特，一家成立于1993年的老牌MP3芯片公司，本来独占珠三角利润丰厚的MP3市场。但是，炬力的崛起迅速打破了市场格局。MP3芯片一下子变成了白菜价，产品和服务方案迭代速度加快。矽玛特节节败退，市场份额迅速减少。显然，矽玛特要遏制炬力的增长势头。

2006年初，矽玛特将"文—黄"专利收入囊中，对炬力展开第二轮攻击。

"文—黄"专利是一种"符合MPEG标准的便携式放音系统"（中国专利号98114958.8），实际上包含MP3播放器在内的诸多播放设备，由MP3发明者——世韩公司的文光洙和黄鼎夏——于1998年在中国提交审查并通过。世韩公司在MP3业界的地位几乎是微乎其微的，"文—黄"专利的象征意义大于实际。

但是,"文一黄"专利如果到了矽玛特手中,则是一件杀伤力十足的武器。

"文一黄"专利保护的是一个包括电源、显示、控制、数据格式、放音系统等所有组成部分的MP3系统,在整个MP3产业链中是咽喉般的存在。即便绕开该专利中的一项权利,后面还有其他权利等着,可以说,除非不做MP3,不然不可能不侵犯"文一黄"专利的几项或全部权利。

拿到"文一黄"专利,矽玛特开始在全球展开专利授权计划,所有MP3厂家面临两个选择:一是采用基于矽玛特平台的解决方案,二是缴纳一定数额的授权费。一时之间,中国所有的MP3厂家,只要未经矽玛特授权生产销售MP3,都将面临专利侵权指控。

接下来,珠三角的MP3厂家接二连三地收到矽玛特的律师诉讼函。

最为夸张的是,一家已经退出MP3市场的整机厂和电子产品卖场一起被告上法庭。这家整机厂的总经理感到难以理解。他认为,电子行业一般是"芯片厂商状告芯片厂商,整机厂商状告整机厂商",像矽玛特这样状告旧客户的举动令人费解。

矽玛特对炬力的打击面太大了,招致整个珠三角MP3产业链的反感。早在两三年前,中国的VCD播放机产业因为专利问题几乎全军覆没,信息产业部对此格外警惕,不希望同样的案例再次发生,因而几次派人到炬力公司考察。

"文一黄"专利也不是没有破绽的。按照《中华人民共和国专利法》的规定,被授予专利权的发明专利和实用新型专利应当具备新颖性、创造性和实用性。而"文—黄"专利作为一个发明专利，在创造性上有较大的缺陷。构成"文—黄"专利的"放音装置"对应"放音"发明专利，这类专利可以追溯到"文—黄"专利申请前的1991年，甚至更早的时候。"文—黄"专利中"发送/接收装置"的描述涵盖范围也非常广，从个人计算机、自动售货机到互联网上下载的数据都在其权利范围之内，很明显缺乏创造性。

尽管官方人士认为矽玛特的"文—黄"专利存在致命缺陷，但关于专利无效的判决迟迟未见。

2006年7月底，矽玛特公布第二季度财报时特意宣布，正计划在欧洲申请边境查封措施，若申请成功，任何未经授权而侵犯矽玛特欧洲专利的MP3，进入欧洲时都有可能被海关没收。如果不想冒这个风险，MP3厂家要么每台交1美元的专利费，要么用矽玛特的芯片方案。显然，这是在敲打那些仍然没有投向矽玛特阵营的中国MP3厂家，其接近一半的收入来自海外。

炬力当然要对此做出反应。炬力新任首席执行官叶南宏犀利地指出，矽玛特虽扩大打击面，实则"外强中干"。他说，欧洲海关做出扣押措施，必须满足两个非常重要的条件：

一是申请者确实拥有这项专利。矽玛特在欧洲收购了AMD专利，而AMD主营电脑CPU芯片，和MP3芯片差了十万八千里。至于"文—黄"专利，在欧洲尚处于审查阶段。

二是海关可以依据司法判决，判断该产品侵权。矽玛特未在欧洲针对炬力提出任何专利诉讼，法院判决无从说起。

简而言之，矽玛特是在赤裸裸地"恐吓"。在8月1日举办的新产品发布会上，叶南宏进一步指明：

"矽玛特对我们的法律诉讼费用，是算在市场营销费用里面的，说白了就是一场市场活动。既然不能在市场上击倒对手，就用法律来试一下。"

但是，还是有MP3厂家吓怕了。矽玛特宣布，从3月开始的中国专利战，已经赢得了10个左右的MP3厂家。8月底，一个国内MP3厂家为"侵权"播放器支付专利费。矽玛特的一位高管表示：

"中国政府积极倡导保护知识产权。与此同时，我们很高兴地与一家领先的中国制造商签订了'文—黄'专利授权协议。我们希望其他的制造商也能尊重矽玛特的知识产权，并认识到保护知识产权是推动创新和技术进步不可缺少的。"

炬力对此并不在意地回答：

"矽玛特不是我们的对手，我们有900多个国内的软件开发合作伙伴，他们有多少？他们在美国可以找到这么多工程师跟他们合作吗？我们曾经对客户说，做炬力产品的都赚钱了，做竞争对手产品的都亏钱了。"

但是，大众还是犹豫。

› 炬力绝地反击

2006年9月15日，美国国际贸易委员会的"337条款"调查尘埃落定。炬力相关芯片产品侵犯了矽玛特专利，不过使用新固件的产品不在此次判决范围之内。

这不算是一个坏消息，毕竟对一家芯片设计公司来说，更新固件并不困难。

相反，美国国际贸易委员会的判决更像炬力反击的一个转折点。

炬力在9月13日向深圳中级人民法院提起诉讼，指控矽玛特多个产品侵犯炬力拥有的一项关键专利，要求其立即停止进口、使用、销售、制造矽玛特相关芯片产品及播放器，并赔偿损失9800万元。

原来，早在2005年5月，炬力通过收购香港一家芯片设计公司，获得了此项专利。此前，炬力一直隐忍不发，研发的关键诀窍只是藏在技术人员心里。矽玛特指控炬力侵犯专利后，炬力为应诉积累了上千千克重的文件资料，一边申请自主专利，一边四处悄悄收购相关专利。

炬力在深圳提起诉讼，商战的胜利几乎指日可待了。

矽玛特和炬力的实力差距越发悬殊。2006年，矽玛特实现营收1.6亿美元，净亏损1亿多美元，几乎把前几年赚的钱都亏了进去。而炬力实现营收1.7亿美元，利润7500万美元。在一年前，矽玛特的体量还是炬力的2倍有余。

中国法院的裁决为这场商战敲响了钟声。2007年6月19日，在提供充足的担保后，炬力获得国内司法机构颁布的"诉前禁令"，即炬力有权申请禁止矽玛特侵权产品在中国市场的销售、生产和出口海外等一切商业行为，以防止延误可能给炬力造成的不可弥补的市场损害。

矽玛特就此落入绝境。中国是当时世界上最大的MP3生产地，也是矽玛特的主要市场，失去中国的工厂和市场，几乎就是失去一切。

2007年6月21日，矽玛特不得不与炬力全面和解。这场旷日持久的官司让双方都耗资不菲，只有和解才是上策。双方和解后，矽玛特不用继续支付费用以维持美国国际贸易委员会的禁止令，炬力也不用为实施"诉前禁令"而付出巨额担保资金。

在事后的新闻发布会上，叶南宏不无骄傲地说：

"这场专利诉讼让矽玛特市值从15亿美元缩水到现在的不到1亿美元，全球市场占有率从70%掉到现在的10%，同时也让我们的市场份额从20%涨到现在的50%~60%。那么，我们为什么要和矽玛特和解呢？这是因为，做生意，以和为贵。"

的确，就在炬力和矽玛特大战的时候，瑞芯微敏锐地察觉到其中的市场机遇，在2006年推出产品规格超前的RK26XX系列芯片，炬力为此丢掉大片MP3市场。正如高德纳咨询公司的一位分析师所说，中国芯片设计市场具有不确定性，尤其是产品单一、没有竞争壁垒及需求不稳定的利基市场。造成这一市场特征的深层次原因，正是产品雷同，并以中低端产品为主。

也正因为陷在了这个"低端陷阱"之中，炬力的客户缺少国内主打中高端市场的MP3品牌。

炬力的销售代表一直想打入魅族，但没有成效。魅族创始人黄章直言不讳地说：

"你知道，我没法用你的芯片，不是说炬力的技术不好、方案不行。不是，是我没法用。为什么没法用？炬力的芯片都被外面那些仿制厂家用了，魅族的产品比它们贵100元、200元。如果我用了你的方案，凭什么卖那样一个价钱？"

可见，在盛名之下，炬力缺乏大的品牌客户。

草莽与领袖：炬力的时代意义

炬力是21世纪最早获得成功的国内芯片公司之一。

同一时期崛起的中星微和展讯，创始人团队都有光鲜的留美学习和工作的背景。2000年前后，芯片业的海归精英受到官方的热烈欢迎。

炬力不同，是土生土长的企业。

更特殊的地方在于，炬力是台湾的第二代芯片创业者在珠海率先树立的一个重人力资本的高科技公司样板。功成名就后，他们将管理权交给了当地的研发团队。

而赵广民，正是研发团队中的佼佼者，是在市场经济中自然涌现出来的第一代产业领袖。

赵广民是一位执着的芯片工程师。他受教于杨丕全等人，能够在纸上一笔一画地描绘出电路图，把电路的"领子、心脏和四肢"都讲得清清楚楚。

赵广民也是一位执着的总经理。在炬力成功之前，中国MP3芯片产业被认为是"没有大鱼的小水塘"，他沿着杨丕全等人留下的MP3技术路线不断精进，最终带领团队设计出爆款MP3芯片。

炬力在MP3芯片领域的成功，相当于"在小水塘钓到了大鱼"。赵广民喜爱钓鱼。在一个珠海公园的小水塘，很多钓鱼爱好者因钓不到大鱼而放弃，并断言此地没有大鱼。赵广民不信，两年多从不间断，风雨无阻,终于钓到一条25斤重的大鱼!赵广民的耐心,是炬力成功的关键。

2006年初,赵广民离开炬力,成立了全胜微电子[①]。创业一年,产品初具雏形,赵广民却因车祸不幸丧生。在他去世后,一位芯片从业者这样评价:

"赵广民谦逊、低调、诚恳、淳朴,具有知足且乐于助人的高尚品格。他带领一家名不见经传的小公司,一跃成为全球最大的MP3芯片供应商,并成功在纳斯达克上市。他的成就,对于正在崛起的中国高科技产业,对于我们这个喧嚣和浮躁的时代,是弥足珍贵的。"

市场经济下中国芯片的初代传奇故事缓缓落幕,新的传奇故事正在以令人意想不到的速度出现。在珠江对岸的深圳,一家通信公司秘密建立了一支研发手机基带芯片的队伍。不到两年时间,这家公司做出成套手机芯片,并用自己的产品成功在香港打通了电话。

在年轻工程师的努力下,中国芯片产业的"红军"正在静悄悄地急行,踏上伟大的"长征"之路。

---

① 公司全称为"全胜(珠海)微电子有限公司"。

后记

看完本书的读者，心底或多或少会有一个疑问：

这本名为《中国芯片往事》的书，除了步步高，为什么没有写其他耳熟能详的芯片工业企业呢？

不是不写，而是写不清楚。

2019年刚萌生写书想法的时候，我曾拟定了一个大而全的提纲，试图以十个左右的章节，呈现从新中国成立到当下这个时间点的国内芯片产业发展史。

但是，按照原来的思路，很多内容需要参考大量二手资料，我看得越多，越觉得乏味。如果都是人们熟知的事情，那重新写一遍的意义在哪里？

而且，对于中国芯片产业的报道，一直存在两种极端的倾向，要么是"失败论"，要么是"速胜论"。2018年以前失败论流行，2018年以后速胜论占上风，但两者都不能真实反映国内芯片产业发展史的进程。

既然如此，要写一本关于中国芯片产业的发展史，就非常有必要深入一线，从中挖掘历史的真相。

正是在各地采风的过程中，我意识到，互联网时代媒体"大爆炸"使"历史"的形成变得容易，但因为媒体传播的广度与速度呈指数级提升，"历史"也容易被简化、扭曲，甚至产生错误，继而误导现实世界人们的决策。

所以，要重新构建起真实的历史叙事，千万不能只是在纸面上对资料加以排列组合、逻辑推理、随意联想，而是要实地采风，与亲身参与历史的人互动，以还原真实的历史。也正是基于这样的方法，形成了书中的内容，主要讲述的四个组织（企业），虽然不见得天下皆知，但极具代表性。

并非只有中国芯片产业需要重构自己的历史叙事，手机、光伏、汽车等硬核科技产业，同样值得重写一遍历史。

为了承接这一使命，我创建了一家名为"芯流智库"的信息服务机构（微信公众号ID：xinliuzhiku），试图在写书的同时，通过公众平台触达更多的产业历史见证者与参与者。

"芯流智库"会持续输出关于芯片、手机、光伏、汽车等产业的相关内容，除继续沿用本书体例写作的长文（如中国手机、光伏、汽车往事），还会提供行业观察性质的内容，以为读者提供更多元化的服务。

总之，我希望"芯流智库"能够打通出版策划、科技媒体和信息服务三个环节，成为普罗大众与科技产业界之间的沟通桥梁，为助力中国科技产业"融智"做出一点微小的贡献。

科技史写作从来都是充满变化的。本书如有错漏，敬请各位读者斧正。《中国芯片往事》肯定不只有一本，第二本、第三本已在酝酿当中。在这个激动人心的行业，还不知道沉睡着多少历史故事。相信在社会各界贤达的帮助下，《中国芯片往事》的续集能够尽快推出。

是为后记。